평범한 부부의 일상이
글이 되는 순간

평범한 부부의 일상이 글이 되는 순간

발행일	2025년 7월 11일			
지은이	조원상			
펴낸이	손형국			
펴낸곳	(주)북랩			
편집인	선일영	편집	김현아, 배진용, 김다빈, 김부경	
디자인	이현수, 김민하, 임진형, 안유경	제작	박기성, 구성우, 이창영, 배상진	
마케팅	김회란, 박진관			
출판등록	2004. 12. 1(제2012-000051호)			
주소	서울특별시 금천구 가산디지털 1로 168, 우림라이온스밸리 B동 B111호, B113~115호			
홈페이지	www.book.co.kr			
전화번호	(02)2026-5777	팩스	(02)3159-9637	
ISBN	979-11-7224-736-2 03810 (종이책)		979-11-7224-737-9 05810 (전자책)	

잘못된 책은 구입한 곳에서 교환해드립니다.
이 책은 저작권법에 따라 보호받는 저작물이므로 무단 전재와 복제를 금합니다.
이 책은 (주)북랩이 보유한 리코 장비로 인쇄되었습니다.

(주)북랩 성공출판의 파트너

북랩 홈페이지와 패밀리 사이트에서 다양한 출판 솔루션을 만나 보세요!

홈페이지 book.co.kr • **블로그** blog.naver.com/essaybook • **출판문의** text@book.co.kr

---

작가 연락처 문의 ▶ ask.book.co.kr

작가 연락처는 개인정보이므로 북랩에서 알려드릴 수 없습니다.

조원상 에세이

평범한 부부의 일상이 글이 되는 순간

한 외과의사의 행복에 관한 단상

행복은 멀리 있지 않았다

집 앞에서 기다리는 아내, 시장의 풍성함, 아이들의 걸음걸이.
생명을 다루는 외과의사가 발견한 단순한 진실.

행복은 지금 여기에 있다!

 북랩

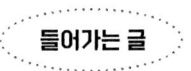

"가족이란, 그들끼리의 사랑을 나누고, 어려움을 함께 이겨내는 사람들이야." 이 말은 박경리 선생님이 지은 『토지』에 나오는 문장이다. 가족은 더 큰 나이며 어려움을 견뎌낼 수 있는 버팀목이다.

나의 아버지는 전파사를 운영하셨다. 작은 라디오나 전축, 흑백텔레비전을 판매하기도 고치기도 하셨다. 전파사는 집에서 멀지 않은 곳에 있었다. 아버지가 고장 난 전자제품을 수리하러 나가시면 어머니께서 가게에 나가 물건을 팔았다. 할머니께서 어머니가 나가신 그 자리를 채워주셨다. 우리는 육 남매였고 나는 장남이었으며 위로는 누님이 한 분 계셨다. 초등학생 때는 김치만 있어도 온 가족이 모여서 식사를 했다. 일상적인 일이었지만 그것은 분명히 행복한 순간이었다.

세월이 흘렀다. 중학생이 되고 고등학생이 되었다. 아버지는 진공관 시절 사람이었고 트랜지스터로의 변화에 따라가지 못하셨다. 30대에는 밝고 올바르시던 아버지도 술을 자주 마시게 되었다. 40대가 넘어가면서 하루도 술을 거르지 않으셨다. 술을 이기는 사람은 세상에 없다. 아버지도 예외가 아니셨다. 1987년 7월 만취한 상태로 도로를 건너다가 뺑소니 차에 치여 응급실로 실려 가셨다. 머리에 피가 고였고 다리에 골절상을 입으셔서 몇 번의 수술을 거쳐야만 했다. 아버지가 돌아가시던 2000년까지 집안 식구들의 고생은 이만저만이 아니었다.

세월은 그렇게 흘러 이젠 할머니도 돌아가시고 아버지도 돌아가신 지가 25년도 더 되었지만, 어린 시절 가족이 모여 함께하던 그 순간을 잊지 못하고 있다.

29살에 나는 결혼을 했다. 외과 전공의 2년 차 시절에 큰아들을 다음 해에 둘째 아들을 낳았다. 둘째 아들은 새벽 2시경 대학병원에서 태어났는데, 큰아들을 안고 신생아실 창밖에서 태어난 아이의 얼굴을 쳐다보았다. 아침에 의국 회의를 하러 오시는 외과 교수님에게 둘째가 태어났다고 인사를 드렸다. 전공의 시절에는 하루걸러 병원에서 당직을 섰기 때문에 아이들을 매일 볼 수는 없었다. 그래도 쉬는 날에는 항상 아이들과 함께했다. 올망졸망한 귀여운 아이들의 모습도 전공의를 마치자 걸어 다니고 장난감 자전거도 탈 수 있었다.

충남 보령의 성주면 보건지소에서는 공중보건의사로 근무했다. 관사는 지소에서 문을 열면 바로 연결되어 있었다. 진료하다가 점심시간이 되면 바로 문을 열고 들어가면 아내와 아이들이 있었다. 진료를 마치고 해가 어둑해지면 아내와 아이들의 손을 잡고 성주 사지를 찾아가기도 하고 화장골 계곡으로 마실을 나갔다. 집마다 굴뚝에 연기가 피어오르고 개울가의 강아지는 멍멍거리며 짖었다.

성주 보건지소에서 서산의료원으로 발령을 받았다. 아버지가 돌아가시던 해에 막내딸이 태어났다. 2000년도였다. 서산의 우리 식구는 다섯이 되었다. 경차에 타면 차가 가득 찼다. 그 이후로 지금까지 서산에서 살고 있다. 그리고 2005년에는 개원을 했고, 지금까지 이어오고 있다.

아내는 개원하고 5년째 물리치료사 자격증을 취득하여 지금까지 나와 같이 근무를 이어오고 있다. 부모님도 맞벌이하셨는데 우리 내외도 맞벌이하고 있었다. 의사가 되면 아내와 같이 근무하리라고는 꿈에도 생각하지 못했다.

힘든 일도 있었고 좋은 일도 있었는데, 그때마다 하나님께 내 가족을 보호해달라고 기도드렸다. 무슨 일을 하든 가족이 눈에 아른거렸다. 가장이 흔들리면 가족은 태풍에 날아가는 나무와도 같다. 가장이 의무를 저버리면 가족은 아무도 보호해줄 사람이 없다. 모두 자신의 가족을 지키기에 최선을 다해서 노력해야 한다. 이제는 가족을 잘 보살필 의무가 있는 것이다.

눈이 많이 오는 어느 겨울, 응급실 당직을 서기 위하여 2시간 거리를 운전해서 가야 할 때가 있었다. 눈이 많이 와서 위험하기 짝이 없는 국도였다. 시골이라 차는 다니지 않았다. 갑자기 차가 길에서 미끄러지면서 앞에 보이는 벽에 부닥칠 상황이 되었다. 차는 빠르게 벽으로 돌진했다. 벽에 처박으면 모든 것이 끝난다는 생각이 그 짧은 순간에도 스쳐 지나갔다. 찰나의 순간에도 내가 없으면 우리 가족은 누가 책임을 지나 하는 생각이 머리를 스치듯 지나갔다. 그 순간에도 하나님께 간절히 기도했다. 다행히 차는 벽에 박지 않고 벽에 무슨 쿠션이라도 있는 것처럼 부딪히고 튕겨 나가 사고를 면할 수 있었다.

전문의 시험을 볼 때도 시험공부를 준비하는 내내 아내와 아이들의 얼굴을 생각하며 다짐을 하곤 했다. 개원하고도 힘들 때면 항상 가족이 옆에서 응원해주었다.

아이들이 태어난 지도 이제 30년이라는 세월이 지나갔다. 아버지로서 잘했는지 모르겠다. 나로서는 최선을 다해 살아왔다고 자신할 수 있다.

큰아들이 10살 무렵 담배 좀 그만 피우라고 해서 담배를 끊었고, 술은 아내가 2019년도에 술도 마시지 말라고 해서 마시지 않고 있다.

좋은 가족을 만났다. 할머니, 아버지, 어머니, 누나와 동생들 그리고 아내와 아이들은 나에게는 과분하고도 넘치는 사랑의 존재들이다. 내가 가족을 위하여서 할 수 있는 일은 오늘을 충실히 살아가는 일일 것이다.

부족한 사람에게 가족의 구성원이 한 명씩 다가와서 나를 완벽할 수 있도록 채워주었다. 추운 곳에서, 어두운 곳에서 나 혼자라면 무섭고 춥고 떨릴 수 있을 것이다. 그럴 때 나는 힘을 낸다. 가족을 생각하면서.

어떤 결핍도 어떤 고통도 그것은 더 큰 보상을 위한 선물임을 감사해야 한다.

할머니와 아버지는 돌아가셨지만, 항상 나의 마음속에서 살아계신다. 나를 위해 사랑으로 돌봐주셨던 분들이므로 그분들의 마음이 지금도 나의 마음속에 살아서 움직이고 있다. 나도 아내와 아이들을 위하여 항상 함께할 수 있도록 하나님께 기도드리고 있다. 이것이 살아있을 때 내가 해야 할 책임이고 의무라고 생각한다.

2025년 6월
조원상

차례

들어가는 글　　　　　　　　　　　　　　　　5

1장
30대는 흔들려도 괜찮아

행복은 단순한 것이다	16
어느 한가한 평일 오후 7시 30분	22
나에게 필요한 한마디의 칭찬	28
우리 동네 미용실	34
화목한 가족의 모습	40
영혼의 음식	46
영원한 내 편	53
행복이란 같이 바다를 바라보는 것이다	60
무관심은 사랑이다	65
밥은 꼭 먹고 다녀야 한다	70

2장
40대는 어영부영 지나간다

여행 갈 때는 출발을 조심하자	78
특별한 기념일에 하늘의 별을 보자	84
아내와 렌터카를 탔다	90
단순함의 소중함	96
선택의 기로	103
신발 정리	110
예지력과 사랑	115
오직 통닭만을	121
운수 좋은 날	128
우리는 거인이 아니다	135

3장
50대는 어른이 된 줄 알았다

김치찌개는 사랑이다	142
아내는 청소하고, 나는 정리한다	149
세상에서 가장 강한 사람	156
뭣이 중한디! 뭣이 중허냐고!	162
명절의 햄버거	168
업어치기냐 메어치기냐	174
둔감하다는 것의 신비	181
누구에게나 도움은 필요하다	188
내포 부부	194
짤순이를 아시나요?	201

4장
60대는 다시 시작하는 나이

가족의 건강을 챙기는 아내	208
첫눈은 아내와 함께	214
이보다 더 좋을 수 없다	220
추억은 어묵과 함께	226
사람은 눈치가 있어야 한다	231
오늘은 어디로 갈까요	238
시작과 첫 번째 것의 의미	245
식성은 다를 수 있다	252
내 마음속의 영웅	258
웃을 수만 있다면 미끄러져도 좋아	263
춤이란 이런 것이다	269

나가는 글　　274

1장

30대는 흔들려도 괜찮아

행복은 단순한 것이다

　누구나 인생에서 전환점은 있기 마련이다. 나의 전환점은 바로 결혼이었다. 나는 6남매 중에 장남이었다. 아버지는 수년 전 교통사고로 병상에 누워계셨고, 몇 년간 수입이 없었고, 있던 집도 저당 잡혀서 생활비로 충당하던 시기였다. 어머님과 누님의 노고로 겨우 의대를 졸업할 수 있었다. 집안의 경제 사정을 생각한다면 수련 과정 없이 개업하든 봉직의가 되던지 돈을 벌 수도 있었지만, 기본을 충실히 하기 위해 수련 과정을 밟기로 했다. 전공의 시절 아내를 만나 결혼을 했다. 어려운 집에, 4남매 중 막내로 자란 아내가 들어왔다. 수련 과정의 적은 월급을 가지고 아내는 시댁의 동생들과 어머님을 건사하면서 슬기롭게 삶을 꾸려 나갔다. 한 번도 싫다는 내색을 하지 않았고 불평의 말을 하지 않았다.

　신혼집은 충북대학교병원 근처 아파트였다. 엘리베이터 없는

4층짜리 건물이었고 우리 집은 4층에 있었다. 보증금 500만 원에 월 15만 원을 주고 살았다. 연탄을 연료로 사용하는 아파트였는데 아파트 현관문 앞에 연탄이 줄지어 쌓여있었다. 겨울에는 추웠고 여름에는 너무 더웠다. 그래도 아이가 있고 아내가 있는 집은 여느 궁궐 부럽지 않았다.

외과 전공의 2년 차인 1994년 10월, 큰아들이 태어났다. 병원에서 일하다가 간혹 아들의 얼굴이 떠오르곤 했다. 동그랗고 하얗고 귀여운 얼굴이었다. 수술 방에서 긴 수술을 하고 마칠 때쯤 창밖은 어둑했는데 창문에 아들을 안고 있는 아내의 모습이 떠오르기도 했다. 결혼하기 전에는, 아기가 태어나기 전에는 상상할 수도 없는 일이었다. 아이는 나에게 새로운 목표를 갖게 하였고 그 목표를 향해 갈 수 있도록 힘을 주고 있는 것 같았다. 1년 차일 때는 거의 매일 병원에서 당직을 서야 했지만 2년 차가 되고는 하루걸러 집에 갈 수 있었다.

큰아들이 걷기 시작할 때 아장아장 걷는 아들과 손을 잡고 처음으로 아파트 근처에 산책하러 나갔다. 아이는 슈퍼에 들어가서 키 높이에 있는 과자를 손으로 잡았다. 처음으로 아이가 과자를 먹는 모습이 신기하고 대견했다. 퇴근할 때면 아내는 아이를 안고 집 앞에서 기다리며 맞이해 주었다.

병원에서는 입원, 외래, 수술, 인턴, 학생, 교수님, 환자, 병동 회진, 드레싱, 수술, 차트, 엑스레이, 발표, 논문 이런 단어들을 떠올리게 된다. 내가 일을 하고 공부를 하는 하나의 세상을 이루고 있다. 하지만 퇴근하면 그곳에는 또 다른 세상이 펼쳐져 있다. 집과 음식점과 체육관과 시장 같은 것이다. 우리 식구는 시장을 좋아했다. 시장은 병원과는 다르다. 시장은 참외, 딸기, 호떡, 어묵, 고등어, 할머니, 국수, 김치, 순대, 해장국 이런 단어들이 떠오른다. 이런 단어들은 우리의 마음을 포근하게 해주었다. 우리는 시장의 통로에 서서 뜨거운 호떡을 먹었고 어묵 국물과 만두를 사서 먹었다. 가장 큰 행복이었다. 저녁에 집에 다시 돌아오면 아이에게 우유를 두 시간 간격으로 먹였는데, 아내와 교대로 우유를 타서 먹였다. 병원에서 당직을 서는 것과 비슷했다.

인생의 멋은 아기를 업고 있는 아내의 모습에서 찾을 수 있다. 포대기를 사용해서 아이를 업은 아내의 모습은 밝은 빛을 발산하는 핑커벨 같았다. 아이의 발과 손이 나오지 않도록 아이가 흔들리지 않도록 아이의 머리가 안정되도록 아이를 업는 것이 기술이다. 아이의 발이 노출되면 추울 수 있고 아이의 손이 나오면 다칠 수 있기 때문이다. 그래야 아이도 아이를 업은 엄마도 편하다. 아내의 등에 업혀 있는 아이는 마음대로 시장의 다양한 모습을 눈에 담을 수 있다.

아내는 아이를 업었고 나는 반바지에 티를 입고 슬리퍼를 신었다. 시장은 우리의 활력소가 되어주는 곳이었다. 시장에 아이를 업고 나가면 물건을 파는 할머니들이 아내를 칭찬했다. 아이를 잘 업고 나왔다는 것이다. 포대기를 이용해서 아이를 잘 감싸서 안정되게 업은 모습이 보기 좋으셨나 보다. 요즈음 젊은 엄마들은 아이를 업고 다니는 사람이 없다고 한다. 어르신들의 칭찬에 우리는 신이 나서 시장을 걸어갔다.

우리나라의 화가 중에 박수근 화백이 있다. 유달리 아이를 업고 있는 그림을 많이 그렸다. 아이를 업고 있는 그림은 따뜻함과 정감을 느끼게 해준다. 누나가 동생을 업고 있기도 하고, 엄마가 장사하러 가면서 아이를 업고 있고, 빨래하면서도, 동네 아주머니들과 이야기를 하면서도 아이를 업고 있다. 아마도 그런 그림이 우리들의 정서에 맞는 것 같다. 아내는 아이를 사랑으로 키우는 것이 세상 그 무엇보다도 중요하다는 것을 알고 있는 사람이었다.

맥아더 장군의 자녀를 위한 기도를 보면 이런 문장이 나온다. '자기 자신을 드러내지 않고 겸손한 마음을 갖게 하소서, 또한 참으로 위대한 것은 소박함에 있음과 참된 힘은 너그러움에 있다' 이런 문장을 몸소 실천하며 사는 아내의 모습이었다.

첫째 아이를 낳고, 살던 아파트에서 그 이듬해에 근처의 단독주택 2층으로 이사를 했다. 연탄보일러 아닌 것만으로도 기쁜 일이었다. 연탄가스의 위험이 없다는 것만으로도 안도가 되었다. 이

집은 보증금 800만 원에 월세 20만 원이었다. 그곳에서 둘째 아들이 태어났다. 작은 집에서 4명이 올망졸망 살았으나 너무나 따뜻하고 아늑한 곳이었다.

1993년도에 대전에서 청주로 갈 때는 나 혼자였다. 1997년도에 청주의 종합병원에서 외과 전공의를 마치고 대전으로 다시 돌아올 때는 아내와 두 아들과 함께였다. 전공의를 마치고 나라의 부름을 받아 공중보건의사 생활을 했다. 그곳은 충남 보령시 성주면이라는 곳인데 관사가 같이 딸린 곳이었다. 이곳에서 우리 네 식구는 2년을 보냈다.

전공의 때도 그렇고 공중보건의사를 할 때도 마찬가지로 나는 매일의 일과를 기록하였다. 아이가 태어나는 순간부터 모든 것을 기록하려고 했다. 일기를 쓰는 것은 아이를 위해서 할 수 있는 작은 일이었다. 보건지소에서도 나는 기록을 했다. 기록하지 않으면 순간이 잊히고 잊힌 순간은 돌아오지 않을 것이었다. 노트에다가 쓰기도 하고 다이어리에도 기록하고 사진첩에도 기록했다. 아이들이 커가면서 쓴 일기도 버리지 않고 모았다. 나의 일기의 시작은 고등학교 1학년 때부터였다. 국어 선생님께서 수업에 들어오셔서 본인의 일기를 보여주셨는데, 그 일기가 나에게 크게 울림을 주었고 그 이후 적어나갔다. 그전에는 일기를 쓰긴 했겠지만 찾을 수가 없다. 고등학교 1학년 때의 일기를 버리지 않고 있었기 때문에 지금까지 이어져 올 수 있었다.

일기는 매일 쓰려고 했지만 그렇지 못하고 때로는 오랫동안 쓰지 못할 때도 있었다. 특히 전공의 때는 노트에다 적지 못하고 수첩에다 몸에 지니고 다니면서 적었고 그것을 지금도 보관하고 있다. 그 수첩에는 환자의 나이와 성별 주증상과 처방이 적혀있으며, 이따금 그 병에 대한 치료법에 대한 참고문헌이나 요약도 적었다.

무엇이 나에게 그 바쁜 상황에서 적게 했는지 잘 알지 못한다. 그 당시의 나는 먼 미래는 알지 못했지만, 30년의 세월이 흘러서 지금 뒤돌아보면 그 순간이 얼마나 값진 순간이었는지를 깨닫게 된다. 미래의 나는 그 당시의 나를 응원하고 있는 것이었다. 어쩌면 지금 이 글을 쓰는 순간에도 또 다른 미래의 내가 나의 옆에서 나에게 힘을 주고 있는 것 같다. 조금만 더 가라고, 한 걸음만 더 앞으로 나아가라고 말이다. 지금 어떤 일을 하든 그 일은 미래에 영향을 미치기 때문에 가치 있는 일이다.

행복은 먼 곳에 있는 것이 아니었다. 그리고 복잡한 것이 아니다. 집 앞에서 기다리는 아내의 모습에서 행복을 느낄 수 있고, 시장의 풍성함에서도 느낄 수 있으며, 아이들의 기는 모습이나 아장아장 걷는 모습에서도 행복을 느낄 수 있다. 행복은 단순한 것이다.

어느 한가한 평일 오후 7시 30분

우리 부부의 생활 방식은 거의 일정하다. 아침 6시 30분이면 알람이 울린다. 글을 쓰기 위해서 새벽에도 4시나 5시에 일어나서 책을 읽고 글을 써본적이 있었다. 너무 피곤해서 낮에 진료하고 수술하기가 어려웠다. 결국, 나의 본 직업은 진료해야 하는 의사이기 때문에 낮에는 일하는 것에 충실하고 저녁 시간을 통해 글도 쓰고 책도 읽기로 했다.

아침 식사는 정해져 있는 식단은 없다. 다만 아침은 꼭 먹어야 한다는 주장이다. 아침을 거르면 배가 고프고 점심에 폭식할 가능성이 크기 때문이다. 식사 후 7시 30분에 출근하고 오후 6시에 퇴근한다. 2005년 개원을 하고 3년간은 저녁 9시까지 진료하기도 했다. 저녁 식사를 한 후 7시 30분부터 자유 시간이다. 나의 경우는 한 시간 동안 걷고 독서를 하고 글을 쓴다.

아내는 7시 30분부터 여가 생활을 한다. 아내의 취미는 음식이나 빵을 만들기도 하고 텔레비전이나 유튜브를 시청하는 것이다. 오늘은 저녁 식사를 하고 아내는 음식 만들기에 도전한다. 음식을 잘 만들지만, 유튜브를 보면서 따라서 만드는 것을 좋아한다.

직원의 어머니가 음식을 하시면 배추김치나 동치미 그리고 열무김치를 가져다주신다. 그 김치를 먹을 때 감동을 하고 아내는 그 어르신의 연륜이 묻어나는 그 맛에 찬사를 보낸다.

아내는 "나는 언제쯤 저렇게 맛깔나는 김치를 만들 수 있을까?" 하는 말을 한다.

나는 대답으로 "당신은 이미 그 어르신에 근접한 고수입니다"라고 칭찬을 해준다. 정말로 아내의 음식 솜씨는 여느 어르신 못지않게 훌륭하다. 아니 어쩌면 더 맛나게 음식을 한다. 그만큼 노력을 많이 한다. 그 궁극의 맛을 향하여 점점 다가간다.

우리 내외에게 이러한 루틴의 시간이 주어진 것은 그렇게 오래되지 않는다. 10년 정도 되었을 것이다. 그렇게나 기다리고 그리던 생활이었다. 인턴과 전공의 시절에는 당직과 응급수술로 집이라는 존재를 잊고 살아야 했다. 전문의를 취득하고 봉직의 생활할 때도 항상 응급환자의 콜을 대기하는 생활이었다. 개업하고도 10년 정도는 수술했고 입원실을 운영하였기 때문에 이런 여유를 가질 수 없었다. 항상 긴장하고 기다리는 마음가짐이었다. 어디선가 들려오는 119 구급대의 소리는 사람을 움츠러들게 했다.

명색이 외과 의사인데 수술을 하지 않는다는 것이 자존심이 상하는 일이지만, 개인 의원에서 전신마취나 입원 관리를 적절히 하기 어렵다는 판단하에 큰 수술을 하지 않게 된 것이다. 지금도 외과 의사분들이 본인 관리를 잘 하셔서 열심히 수술하는 분들이 있다. 존경하는 마음을 가지고 있다. 그렇지만 내가 수술을 하지 않는 것을 후회하지는 않는다. 나에게 적합한 진료 유형이 있을 것이기 때문이다.

아내가 같이 물리치료사로 일을 하고 있어서 서로 의지를 많이 하는 편이다. 아내는 내가 조금만 힘들어하면 바로 진료실로 와서 이것저것 먹을 것도 챙겨주었다.

그렇게 긴장된 생활은, 입원실을 하지 않고 아이들이 객지로 공부를 하기 위해 떠난 뒤부터 나아지기 시작했다. 그때부터 아내는 음식을 만들고 빵을 굽는 것에 몰두했다. 물리치료를 하다가 밤에는 음식 만드는 데 집중하는 것을 보면 놀라지 않을 수 없다.

아내는 음식을 만들다가 재료가 부족하면 사다 달라고 심부름을 시켰다. 재료는 항상 필요한 것이고, 항상 모든 재료를 갖출 수는 없다. 그리고 믿음직한 심부름꾼이 있는 한 시키기만 하면 되는 것이다.

"여보, 운동 가면서 간장과 참기름을 좀 사다 주세요."

"알겠으니 걱정하지 마"라고 말하면서 나는 밖으로 나온다. 바로 오후 7시 30분이다.

아버지는 전파사를 하셨다. 라디오나 텔레비전을 판매도 하고 고치기도 하셨다. 초등학생 때 나는 아버지의 조수 역할을 많이 했다. 어두운 곳에서 텔레비전을 고치실 때 등 뒤에서 불을 비추어주는 사람이 필요했는데, 그때 아버지의 등 뒤에서 전등을 비추어 드렸다. 때로는 텔레비전을 설치하고 안테나가 잘 설치되었는지 방향을 바꾸어가면서 채널을 돌릴 때도 내가 안테나가 있는 곳에 올라가 아버지의 큰 소리에 안테나의 방향을 잡아주기도 했다.

아버지의 연장은 007 가방 같은 곳에 들어있었다. 그곳에는 납땜이나 드라이버, 가위나 철사 또는 나사 같은 것이 들어있었다. 나는 그 가방을 들고 아버지를 따라다니는 것을 좋아했다. 초등학생이 아버지의 가방을 질질 끌듯이 들고 아버지를 따라가면 사람들이 기특하다 했고 아버지도 기뻐하셨고 자랑스러워하셨다. '우리 아들입니다' 이런 마음으로 말이다.

또 어느 날은 집에서 30분 거리의 다른 전자 부품 파는 곳으로 심부름을 해야 했다. 텔레비전의 부품인 저항이나 진공관이 고장이 나서 교체를 해야 할 때 그 고장 난 부품을 가지고, 걸어가서 같은 것으로 사 와서 고쳤다. 그 전자 부품을 판매하는 곳에 가면 아버지의 친구분이 기특하다고 칭찬을 해주셨다. 하루에도 몇 번씩 그 먼 곳에 심부름해야 했다. 겨울에는 얼마나 힘이 들었는지 모를 정도다. 힘이 들기는 했지만, 아버지의 심부름을 하는 것이 신이 나기도 했다.

지금은 아버지께서 돌아가신 지도 25년이 되었다. 아버님의 심부름이 사무치게 그립다. 누가 나에게 이렇게 심부름을 시켰던가. 아버님은 그 사랑하는 아들에게 심부름을 시키는 마음이 어떠셨을까. 지금은 심부름을 시키는 아버님이 계시지는 않아도, 심부름을 시키는 아내가 있다. 나는 아내의 심부름이 꼭 아버지의 심부름 같다.

영국의 소설가 휴 월폴은 "행복이란 사소한 일에서 곧바로 즐거움을 알아채는 것이다"라고 했다.

나는 아내의 심부름을 곧바로 행하고, 심부름을 시킨 그 재료를 사서 들어오면 마저 음식을 끝내고, 완성된 음식을 맛보는 아내의 얼굴에 환한 미소가 번지는 것을 볼 수 있다.

지금은 주로 심부름을 마트로 가게 된다. 지인들도 간혹 만나게 될 때가 있다. 서로 인사하고 헤어지면 좋지만, 꼭 한마디를 할 때가 있다. "원래 배가 이렇게 많이 나오셨어요?" 이런 말을 한다.

그냥 인사만 하고 가도 되는데, 나 배 나온 것은 아는 사람들은 모두 아는 사실인데 꼭 그런 말을 해야만 했을까? 하고 마음에 앙금이 쌓일 것 같지만 사실은 그렇지가 않다. 하도 많이 들어본 말이라 면역이 되어있어, 마음의 상처 따위는 받지 않는다. 그 지인은 후배의 제수씨로 집에가서 아내에게 전화로 "아까 마트에서 원장님 만났는데, 혹시 엉뚱한 말을 해서 마음에 상처받지 않으셨는지 모르겠어요, 죄송하다고 말해주세요"라는 전화가 걸려왔다.

그래도 그분은 사람이 된 사람이다. 사람 앞에서 나의 신체의 일부인 배에 대해서 언급하고도 사과 한 번 하지 않는 사람도 있다.

어떻게 하다 보니 나의 튀어나온 배에 관하여 이야기를 하게 되었지만, 요지는 아내의 심부름은 인생의 맛을 느끼게 한다는 것이다.

나에게 필요한 한마디의 칭찬

오늘은 주일이다. 일찍 일어나서 주일 예배를 다녀왔다. 식사 한 후에 독서도 하고 글도 쓰면서 서재에서 시간을 보내고 있었다. 조용하던 거실이 갑자기 소란스러워 나가보았다. 아내는 변기가 막혔다고 하면서 변기 뚫는 기구를 찾기 위하여 이곳저곳을 찾아보고 있었다. 살다 보면 변기가 막히는 경우는 간혹 있는 일이다. 평소에 자주 있는 일이라면 손쉽게 해결할 수 있지만, 보통은 그렇지 못하다.

어린 시절에 재래식 화장실에서는 막히기보다는 차고 넘치는 일이 훨씬 더 많았다. 때로는 동생의 신발이 빠지기도 했고, 그 아래는 귀신이 산다는 이야기도 있었다. 어느 순간부터 재래식 화장실이 수세식 화장실로 바뀌면서 생활에 많은 변화를 가져왔다. 수세식 변기는 다 좋은데 하나의 불편한 점이 바로 막혔을 때이다. 간혹 생기는 일이라 하더라도 막히게 되면 그 주체못하는 흥분과 당혹스러움으로 우리는 안절부절못하게 된다.

30년간 외과 의사로 살아오면서, 막혀 있는 많은 항문을 뚫어 왔다. 배를 움켜잡고 얼굴이 빨개지면서 안절부절못하는 환자가 내원한다면 장갑을 낀 손가락에 윤활제를 많이 바르고 대변을 으깨서 빼내 주어야 한다. 토끼 똥같이 조금 나왔다고 하는 환자는 관장하지 말고 약을 처방하는 것이 좋다. 그런 환자를 관장하면 습관이 될 수 있으니 유의해야 한다. 무언가 막힌 것 같고 옆으로 삐질거리며 샌다고 하면 바로 관장하는 것이 좋다. 관장을 하는 일이 그렇게 유쾌한 것은 아니다. 만약 환자의 고통을 해결한다는 의무감이 없다면 하지 못할 일이다.

집안의 막힌 변기를 뚫는 것은 나에게는 단순한 놀이이자 재미다. 압축기를 이용하는 것과 변기 입구를 밀봉해서 공기압을 이용하는 방법, 뚫어뻥을 이용하는 법, 코일처럼 생긴 철사를 돌려 밀어 넣는 방법 등이 있다. 무엇보다 확실한 방법은 전문가를 부르는 방법일 것이다. 그렇다고 이런 일 가지고 전문가를 부른다는 것은 상당히 자존심을 건드는 행위이다. 뭐하나 시원하고 명쾌한 답을 주지는 않는다.

아내는 압축기에 의한 방법을 선호하고 나는 압력에 의한 방법을 좋아한다. 무엇이 되었든 너무 서두르지 말고 이성을 찾아야 한다. 갑자기 막힌 변기를 보면 어떻게든 빨리 해결하기 위해서 너무 서두르게 된다. 혼돈과 지저분함 속에서 이성을 잃는 경우가 많다. 천천히 생각해보면 충분히 해결할 수 있는 일이다. 세상이 무너지거나 지진이 일어난 것도 아니다. 옆에 무엇이 있는지 찾아봐야 한다. 문제는 아내가 내 방식을 별로 좋아하지 않는다는 것이다.

압축기는 나무 대롱의 앞부분에 고무로 된 흡착기가 붙어있어 막힌 구멍에 대고 눌렀다 떼면 압력에 의해 뚫어지는 거고, 내가 하는 것은 비닐로 변기 입구를 완전히 막고 박스 테이프로 밀봉해서 물을 내리는 버튼을 누르면 물이 나오면서 덮고 있는 비닐 부분이 불룩해졌을 때 손으로 누르면 뚫리는 방식이다.

내가 한다고 해도 아내는 반대했고 절대 하지 말라고 하면서 머리를 하러 미장원으로 갔다. 아내가 걱정하는 건, 그렇게 하다가 뚫리지 않고 비닐 옆으로 오물이 샐 염려 때문이었다. 나가면서도 변기를 뚫어놓으라는 말은 하지 않고 "조금 있다가 머리하고 와서 압축기구를 사다가 합시다" 하면서 나간다.

헐~ 도대체 뚫으라는 건지, 말라는 건지. 아내가 이따 같이 하자는 말은 빨리하라는 말로 해석할 수 있다. 아내가 잠시 나갔을 때 빨리 해결해 놓아야 한다. 아내가 와서 이런 하찮은 일까지 하는 걸 원치 않는다. 지금은 딸도 집에 있다. 그런 딸에게 무언가 편안함을 주고 싶었다. 여하튼 그 두 모녀에게 무언가 안정감을 주고, 아빠의 능력을 보여주고 싶은 일념만이 있을 뿐이었다.

주변에 있는 마트에 가서 상자 테이프를 사서 왔다. 압축기는 사지 않았다. 아내의 잔소리를 피하려면 압축기도 사야 했지만 나름 배수진을 치는 마음으로 테이프만 샀다. 테이프로 해결한다면 남편으로서의 능력도 인정받고 자존심도 살릴 수 있는 일이기 때문이다. 준비는 다 된 것이다. 하면 된다. 못할 것이 없다. 예전에도 몇 번 한 적이 있었다. 마스크로 가리고 모자를 쓰고 고무장갑을 끼고 선글라스를 낀 채로 화장실로 접근했다. 그리고 변기에 가서 테두리를 깨끗이 닦고 물기를 없앴다. 그 주위로 비닐을 씌운 뒤에 박스 테이프를 꼼꼼히 붙였다. 물뿐만 아니라 공기 하나 새어 나가지 않도록 했다.

이때가 바로 가슴이 두근거리는 때이다. 그런 후에 물을 내렸다. 물이 차오르면서 변기에 덮은 비닐이 불룩해질 때 손바닥으로 불룩해진 부분을 꾹 눌렀다. 그때 천둥 치는 소리처럼 뻥 뚫리는 소리와 함께 변기에 있는 오물이 내려갔다.

그렇다. 나는 주일 오후를 다 투자해 가면서 그 큰일을 해낸 것이다. 매일 이런 일을 하는 사람이야 식은 죽을 먹는 것처럼 쉬운 일이겠지만, 아무리 뚫는 것을 잘하는 나라고 해도, 어쩌다 하는 변기 뚫는 일은 나로서는 두 손에 땀을 쥐고 식은땀이 나는 일이었다. 만에 하나 실패했다면 상상하기조차 어려운 상황이 벌어졌을 것이다. 온갖 오물은 변기 밖으로 넘쳤을 것이고 그것을 처리하는 데 또다시 어려운 일을 초래했을 것이다. 아내에게서 떨어질 잔소리를 생각하면 아찔했다. 사실 착한 일을 한 거지만 방송할 정도는 아니었다. 어찌 생각하면 가장으로서 당연히 해야 할 일을 했을 뿐이다. 최소한 나는 그렇게 생각하고 있다.

칭찬을 받고 싶은 마음은 하나도 없었다. 그냥 아내가 들어와서 "어! 이것 고쳤네"라고 하면 나는 아무 일도 아닌 양 "응 조금 손봤어" 대답하는 정도면 되는 일이었다. 절대로 생색 같은 것을 내고 싶지는 않았다. 그렇게 말하면 내가 솔직하지 않을 수도 있지만 사실 조금은 기대했을지도 모르겠다. 하지만 파마머리를 하고 들어온 아내의 반응은 싸늘하기만 했다. 야멸차기까지 했다.

"압축기로 했으면 했는데 상자 테이프로 했네요, 나는 별로 좋아하지 않는데" 이렇게 말을 하는 것이 아닌가. 결과를 가지고 칭찬을 하지 않고, 과정을 가지고 나무라고 있다. 아내의 말로는 칭찬이라고는 하지만, 나에게 와닿는 아내의 말은 칭찬이 아니라 나무라는 말로 들렸다.

결과야 어떻게 되었던 변기는 깨끗한 상태가 되어있었다. 어떠한 오물도 찾아볼 수 없을 정도였다. 원래대로 모든 것이 자기의 자리를 차지하고 있었다.

아내의 무심한 말 한마디가 집을 지키는 사람의 순수한 마음을 무참히 짓밟는 순간이었다. 나에게 필요한 건, 단 한마디의 말이었다. "잘했어요" 이 한마디였다. 하지만 아내의 입에서는 칭찬의 한마디는 끝내 나오지 않았다. 나는 칭찬을 구걸하지 않는다. 무얼 바라고 한 건 아니었기 때문이다. 아내와 딸의 행복을 위한 것이고 나아가서는 지구의 평화까지는 아니더라도 우리 집안의 행복을 찾았으면 그만인 것이다.

우리 동네 미용실

우리 동네에는 남자만 전문적으로 커트와 염색을 해주는 미용실이 있다. 나보다 약간 나이 많은 듯한 여자분이 혼자서 일을 한다. 항상 갈 때마다 초등학생과 어른들이 몇 명씩 앉아서 기다리고 있다. 머리만 깎아주고 감는 것은 스스로 감거나 집에 가서 감는다.

동내에 사시는 아는 형님에게 물어보았다.
"형님은 어디서 머리 깎으세요?"
"응 나는 한 번도 미용실에서 깎은 적 없고 항상 다니는 이발소에서 깎아" 그러시는 것이다. 나는 이발소에는 오래전에 갔었고, 주로 미용실만 다녔다. 초등학교 시절에는 학교 안에 있는 이발소에서 깎았고, 중고등학교 때도 이발소를 이용했다. 하지만 이후로는 거의 미용실만 다녔으며, 지금은 남자도 미용실을 이용하는 건 보편적이어서 전혀 이상한 일이 아니다. 당연하고도 자연스럽다.

미용실에 가면 바로 눈을 감고 있다. 의자에 앉으면 바로 잠을 잔다. 잠이 잘 오는 순서로 따지면 예비군 훈련이나 교회의 설교 듣는 것 못지않게 미용실에서도 잠이 잘 온다. 자다가 아주머니가 흔들어 고개를 똑바로 하게 한다. 미용사 아주머니는 머리를 깎으러 온 사람과 무언가 대화하고자 하지만 나는 가만히 눈을 감고 있다.

머리를 깎는 중에 아내가 들어와서 앉았다. 그리고 머리 깎는 아주머니와 얘기를 시작했는데 아주머니는 아주 신이 나서 끝없이 입을 놀리면서 말을 했다. 머리를 깎으러 온 손님들에게 들은 이야기를 다시 하고 또 했다. 아주머니는 아주 신이 났다. 머리 깎는 데 집중하기보다는 말하는 데 집중하고 손은 그냥 따라갔다. 항상 해오던 일이니까 습관적으로 머리를 깎았다. 머리 깎는 데 신중하게 조각을 하는 것처럼 하지 않았다.

"옆에 있는 커피숍이 어제 개업을 했는데 어젠 아침부터 줄을 서 있더라, 나는 9시 반쯤 출근을 하는데 그때 사람들 손에 케이크가 들려있더라" 계속 머리를 깎으면서 그런 이야기를 했다.
"지금 우리나라는 대단하다. 나라에서 뭘 하라고 하면 사람들이 말을 얼마나 잘 듣는지 모른다. 우리나라 생각하면 마음이 뿌

듯하다. 지금 코로나 때문에 국민이 돈을 모았는데 몇천 억이 모여졌는데 예전 아이엠에프 때보다도 더 모여졌다고 하더라, 여태껏 알기론 스페인은 선진국으로 아주 잘 사는 나라라고 인식하고 있었는데 이번 코로나 사태를 보니 그렇지 않더라. 스페인의 한 요양 병원에서 환자를 그대로 내버려 두고 사람들이 다 도망가서 환자들이 모두 시체로 발견되었대요. 개인 하나하나는 잘 사는지 모르겠지만 개인주의가 너무 팽만되어 있어요. 인간성 하면 대한민국이지요"라고 말했다. 이렇게 아주머니도 말을 잘한다. 그러면서 아주머니는 식구가 세 명인데 한 사람당 5만 원씩 기부했다고 한다. 나는 아직 기부하지 않았는데 내심 뜨끔했다. 미용사 아주머니는 애국자요 훌륭한 기부자였다.

나는 미용실도 한 곳만을 꾸준히 다니고 싶다. 이곳저곳 옮겨 다니는 건 정말 싫어한다. 이 미용실도 세 번 온 거니까 이젠 얼마나 더 다니게 될까.
어렸을 때는 엄마와 아빠와 같이 이발소에 왔었는데 이젠 아내와 같이 온다. 아들과 같이 온 적도 있지만 이미 십여 년이 훌쩍 지난 일이다.

염색한 것도 몇 년 되지 않았다. 돌아가신 아버지도 나도 아들도 머리가 하얗다. 하얀 머리를 가지고 살았는데 환자들이 오시면 할아버지라고 해서 염색을 했다. 염색해서 머리가 검어지고부터는 할아버지라는 말을 듣지 않는다. 머리카락의 색이 무엇인가는 중요하지 않은데 대화의 초점이 머리 색으로 향하는 게 싫다. 동창을 만나러 가면 머리 이야기를 꼭 한다. 머리가 검으면 머리 이야기를 하지 않지만, 머리가 희면 머리 이야기를 하게 되는데 별로 좋지 않다. 그래서 그때부터 머리 염색하기 시작했다.

음악가나 대학교수들을 보면 머리를 하얗게 하고 다니던데 막상 내가 나이 들어 머리를 하얗게 하고 다녀보니 좋아 보이지 않았다. 나는 아니지만, 타인은 멋있어 보이는 사람도 있다. 사람마다 취향이 다르듯이 보는 눈의 감각도 다른 것 같다.

그래서 염색하기 시작했다. 처음에는 집에서 염색했었다. 미용실에서 하면 머리 아래가 가렵고 머리 자체가 두드러기처럼 빨갛게 되어 보기 좋지 않았다. 그 이후로 집에서 염색했다. 마트에 가서 염색약을 사서 혼합한 다음에 머리에 바르고 15분에서 20분을 앉아있다가 머리를 감으면 된다. 이 경우는 검은색의 염색약이 이곳저곳에 묻고 특히 귀 아래나 얼굴 손등 같은 곳에도 묻을 때가 있었다. 세면대나 벽 같은 곳에 묻기도 했다. 그런 이유로 미용실을 이용했는데 특히 지금 이용하고 있는 동네 미용실은 저렴하고 그런 부작용이 전혀 없다. 염색할 때 이발도 같이해주니 결국, 이 미용실에 올 수밖에 없었다.

나이가 들어가면서 머리가 하얗게 되기도 하지만 머리의 숱이 적어진다는 게 아주 고민이기도 하다. 원래 대머리는 아니지만,

대머리처럼 머리가 자꾸 빠지면 허무한 생각이 든다. 아내나 나나 아들까지도 머리가 흰색이어서 다 같이 앉아서 염색할 때도 있다. 요즈음 둘째는 그것도 귀찮은지 머리를 빡빡 밀고 다니고 있다.

동네 미용실에 가면 휴식을 취할 수가 있다. 눈을 감고 있으면 세상 잡념이 모두 사라진다. 아주머니가 세상 돌아가는 이야기를 하면 들으면 된다. 어디 뉴스에서 하는 보도보다도 더 정리되어 들리곤 한다. 대기 순번 3번째로 앉아있다. 대부분 커트만 하지만 나는 염색까지 하니 힘들어할 것 같기도 하다. 하지만 미용사 아주머니는 고수의 손때가 묻은 실력으로 머리를 커트하고 염색을 한다. "너무 짧지 않게 깎아주세요, 염색도 같이 하고요"

아내는 내 머리를 염색해주겠다고 하지만 염색만은 나가서 하고 싶다. 염색조차 집에서 한다면 너무나 사부작거리는 모습이다.

이렇게 한가한 하루를 보내곤 있지만, 예전에는 그렇게 한가한 마음을 갖기 힘들었을 때도 있었다. 1997년 전문의를 따고 공중보건의사로 발령을 받기 전에 대전에 있는 자운대에서 훈련을 받았다. 아들은 4살, 3살이었다. 훈련소로 가기 전날에 우리 네 식구는 자장면을 먹으러 갔다. 아이들이 아직 말소리도 잘 내지 못하던 때였다. 평소에는 큰놈이 자장면도 혼자 먹지 못하더니 아빠가 훈련소에 간다고 혼자서도 자장면을 잘 먹었다. 그러면서 서툰 발음으로 "아빠 고마워요" 하는 것이 아닌가.

둘째는 같은 말을 반복하고 있었는데, 요즈음은 "떨어졌어"라는 말을 계속하고 있었다. 물이 떨어져도 "아빠 떨어졌어"라고 하고 장난감이 떨어져도 "아빠 떨어졌어"라고 하는 말을 계속했다. 이렇게 아이들이 귀여울 수가 있을까. 훈련소에 몇 개월 간다고 하니 아이들이 더 예쁘고 귀여워 보았다.

나의 아버지께서는 오랜 병치레를 하고 계셨다. 1987년도에 교통사고를 당하고 병원에서 요양원으로 옮기셨고, 어머니도 홀로 어려운 상황을 헤쳐 나가시던 때였다. 아내는 나의 전공의 월급으로 아이들도 키워야 하고 어머니와 아버지 요양원비까지 책임을 져야 했다. 매달 통장 잔고는 0이었다. 그래도 월급이 나올 때는 생활을 꾸려나갈 수가 있었지만, 전공의를 마치고 공중보건의사로서 진료를 시작할 때까지 어려움을 이겨나가야만 했다. 나는 군대에 가서 훈련을 받으면 되지만 아내는 집에서 혼자 어려움과 싸워야 했다.

어려운 시절이었다. 그래도 우리에게는 튼튼한 가족이 있었고, 공중보건의사를 마치면 지금보다는 더 나아질 것이라는 희망이 있었다.

우리 동네 미용실은 항상 어려운 시절을 떠올리게 하는 곳이다.

화목한 가족의 모습

10살 무렵의 만두를 처음 먹던 날을 기억한다. 어머니께서 재래식 부엌의 소쿠리에 만두를 만들어놓으면 놀다가도 와서 흙 묻은 손으로 하나씩 집어 먹었다. 세상에 그보다 맛있는 음식이 있을까. 만두의 모습은 무심한 듯 단아한 겉모습과는 다르게 안에는 그야말로 환상의 재료가 숨어 있다. 김치 맛이 나다가도 씹으면 씹을수록 고기 맛도 나고 마지막으로 당면의 담백함을 느끼게 된다. 여태껏 이런 음식은 없었다.

밀가루 안에 우리가 익숙한 음식 재료를 넣었다. 그날 이후 나는 만두라면 최고의 음식으로 인식하게 되었다. 남들은 생일 케이크의 촛불을 끄는 축하 파티를 하지만 나은 만두면 되었다. 어머니께서는 생일이 되면 물으셨다.

"뭐 해 줄까, 좋아하는 음식 해 줄게"라고 하면 나는 항상 "만두 해 주세요"라고 했다.

만두를 좋아하기도 했지만, 장남으로서 없는 부모님의 사정을 알기에 비싼 선물이나 그 당시는 귀하디귀한 케이크를 사달라고 말할 수는 없었다. 그래서 그런지 지금도 케이크만 보면 먹지 말아야 하는 데도 두 조각을 먹곤 한다.

할머니 지인들이 오시면 내가 직접 만두를 만들어 대접하곤 했었다. 동생들을 위해서 만두를 만들어주기도 했다. 그만큼 만두를 좋아했다. 지금이야 만두피를 사서 하지만 예전에는 만두피를 밀가루로 일일이 다 만들었다. 할머니 친구분들이 맛있게 드시면 뿌듯했다. 동생들과 부모님이 잘 드시면 기분이 좋았다. 어느 도시에 가든 첫 번째로 가는 식당은 만둣집이었고 맛은 어떤지 특징은 무언지 재료는 무얼 썼는지 유심히 살펴보곤 했다.

결혼해서 아내에게 만두 만드는 법을 알려주었다. 아내는 만두를 나처럼 광적으로 좋아하지는 않았지만 싫어하지도 않았다. 지금은 무척 좋아한다. 전공의 때 출근을 하면 혼자서 만들어서 주변 사람들에게 나누어 주기도 했다. 어느 날 퇴근 후 집에 와서 보니 만두를 아내 혼자 만들었는데 맛이 좋지 않았다. 아내는 맛있다고 하는데 나의 입맛에는 그렇지 않아서 혹시 이 만두 주변 사람들에게 나누어주었냐고 물어보니, 아파트 1층부터 4층까지 모두 돌렸다고 한다. 망연자실 내가 맛없다고 느끼면 주변 사람들도 그렇게 느낄 거였다. 그래도 아내는 좋아했다. 주변 사람들에게 최선을 다한 음식을 드리면 되는 거지 맛이 뭐가 그렇게 중요하냐고 했다. 그 당시는 신혼 초였기 때문에 음식 만드는 솜씨 또한 초보였다. 아마도 모두 이해했으리라. 지금은 음식 고수가 다 되었다.

만두는 피도 중요하지만, 안에 들어가는 속이 아주 중요하다. 그중에서도 핵심은 김치다. 그해 여름 장마 기간이 길어지고 태풍이 많이 오면 농작물 피해가 속출하기 때문에 김치 품질이 떨어지고 김치 질이 떨어지면 만두 맛도 떨어진다. 김치만두에서 김치 맛이 가장 중요한 건 말할 필요가 없다. 다음이 당면과 두부와 고기다. 이 재료도 무척 중요하다. 당면은 6분간 뜨거운 물에 삶아서 바로 넣어도 되지만, 간장과 참기름으로 밑간을 가볍게 하면 더 풍미가 있다. 고기도 돼지고기와 소고기 간 것을 반반씩 섞어서 쓰긴 하지만 기본적인 양념은 해야 한다. 고기를 삶지 않고 소금, 간장, 파, 마늘, 설탕, 참기름으로 간을 하면 된다. 모든 건 손맛이므로 손으로 버무려 주어야 한다. 그다음이 바로 두부다. 한국인이라면 누구나 좋아하는 두부다. 두부에는 물기가 많아서 물을 다 빼주어야 한다. 눌러 놓아도 좋고 짜도 된다. 방법이 무엇이든 물기를 제거해야 한다. 그래야 만두가 담백해진다. 그렇지 않으면 질척해져서 식감이 별로다.

이 중에 가장 힘든 일은 김치 다듬기다. 김치는 적절하게 익은 포기김치를 손으로 잘게 썰어야 한다. 손힘이 필요하고 청결해야 하므로 김칫국물이 주변에 튀지 않도록 잘해야 한다. 냉장고에 있는 차가운 김치를 비닐장갑을 끼고 김치를 잘게 다지게 되는데 손도 시리고 만두를 만들고 싶은 생각이 사라지는 일도 있다. 아내는 이런 고생 때문에 김치를 믹서기에 갈자는 주장이다. 만두는 손맛이라 생각하는 나로서는 믹서기 사용은 절대로 반대한다. 믹서기로 갈면 김치 본연의 아삭한 식감이 사라지고 김치 맛만 나는 편의점 판매용 만두 같다. 하지만 아내는 계속 주장을 하고 있다. 원래 내가 있으면 아내는 지시만 하지 거의 만두에 손을 대지 않는 편이다. 특히 나는 아내의 손이 가는 걸 피하려고 큰 노력을 하고 있다. 요즈음에는 만두 만들기 하루 전 아내가 보지 않고 쉬는 시간에 몰래 김치를 다져서 냉장고에 보관해 둔다. 그러면 아내는 김치를 갈지 말지에 대하여 고민을 하지 않게 된다. "어, 김치를 다져놓았네, 내가 믹서기로 갈려고 했는데" 하고 나오면 나는 걱정할 것 없다고 말해준다. 그러면 만두 만들기는 거의 끝난 거나 마찬가지다.

만두를 만들어서 천안에 있는 동생에게 가져다주기도 하고, 막내아우 내외에게 만들어주기도 하고, 대전에 사는 동생 내외에게 만들어주기도 했다. 아파트 근처에 사는 이웃과도 나눈다.

어느 날, 동네 지인의 딸이 고등학교 2학년인데 한창 사춘기를 겪고 있다고 했다. 항상 집에서 인상을 쓰고 말도 잘 하지 않는다고 한다. 만두를 만들고 대접할 요량으로 집에 초대했다. 만두를 가지고 찌기도 하고 굽기도 하고 만둣국도 만들어주었다. 그 사춘기 학생이 집 문에 들어올 때만 해도 어두운 얼굴이었는데 만두를 한입 먹더니 나를 보며 웃으며 말한다.
"아저씨 만두 맛있어요" 이 순간 어떤 말이 필요하겠는가. 내가 만족을 하고 그 학생이 만족하면 그걸로 충분했다.

40대 때 운동 삼아 검도를 할 때가 있었는데 검도를 마치고 내가 만든 만두를 같이 먹기도 했다. 운동하는 친구든 누구든 같이 만두를 먹는 일은 행복한 일이다.

만두는 아무 때나 만들지 못한다. 만두를 할 사람도 필요하지만, 만두를 먹을 사람도 필요하다. 가정이 화목하지 않으면 만두를 만들 여력을 가지지 못하게 된다. 일이 힘들고 지칠 때가 있었다. 주변의 친구들은 모두 잘나가는 것 같고 나만 이렇게 가만히 쓸쓸하게 있는 것만 같을 때가 있었다. 그럴 때 만두를 만들면 정신이 집중되기도 하지만 " 세상을 품어야 할 사람이 고작 만두를 만들고 있나!"라고 아내가 꾸지람 아닌 꾸지람을 할 때도 있었다. 아이들이 어렸을 때는 식구가 다 같이 한자리에 모여 만두를 만들어 먹었다. 이젠 아이들도 커서 모두 외지에 가 있다. 우리 부부 내외가 같이 앉아 만두를 만들고 냉동해서 택배로 아이들에게 보내주곤 한다. 만두를 먹는다는 건 아마도 가정이 화목하다는 증거일 것이다. 우리 가족은 매년 만두를 먹으며 기쁨을 느끼는 삶을 살았으면 좋겠다.

IMF가 온 1997년도나 의약분업으로 의료원에서 당직을 서던 2000년, 개업해서 밤늦게까지 진료하던 2005년 그리고 2017년 태안 앞바다에 기름 유출 사고가 있어 전 국민이 기름 방제작업에 한창이던 때에는 만두 만들 엄두를 내지 못했었다.

만두를 보면 생각난다. 어려운 시절을 함께 겪어온 가족과 이웃들을 그리고 그렇지 못한 더 열악한 상황에 처한 사람들이. 어떤 어려움이든지 우리는 극복하지 못할 것이 없다. 만두는 찜통에서 높은 온도를 이겨나가서 결국 찐만두로 탄생한다는 것을 잊지 말자.

영혼의 음식

누구나 자기만의 비법 요리가 있을 것이다. 라면에 콩나물을 넣으면 맛있다거나, 달걀부침은 중 불에서 은근하게 부친다거나, 밥을 할 때는 다시마 작은 조각을 올리거나 식용유 몇 방울을 뿌리면 맛있다고 하는 그런 조리법 말이다. 나도 몇 가지 음식에 대해서 남에게 군침을 돌게 할 정도의 비법을 가지고 있다. 아이들이 배가 고프다고 할 때 볶음밥을 해 주면 맛있어한다. 아이들이 어떤 음식을 요구해도 두렵지 않다. 아내도 나의 음식 솜씨는 인정한다. 그런 음식 중에 하나, 콩자반이 있다. 콩자반을 좋아하기도 하지만 그 반짝거리는 검정콩을 보면 여러 생각이 떠오른다.

어린 시절 도시락 반찬으로 나는 콩자반을 자주 싸 가지고 다녔다. 지금도 반찬으로 콩자반이 없으면 서운하기까지 하다. 식당에 가도 콩자반이 나오는 식당은 그렇게 많지 않다. 콩자반이 나와도 보통은 콩자반의 존재를 그렇게 중요하게 생각하지 않는듯 하다.

콩자반은 만드는 데 다른 음식보다 더 노력이 필요하다. 일단 서리태콩을 물에 6시간 정도 불려야 한다. 아침에 출근할 때 콩을 깨끗이 씻고 물에다 담가 놓아야 한다. 그냥 후딱 만들어 먹는 그런 음식이 아니다. 그리고 담가 놓은 물을 버리지 말고 콩과 함께 끓여야 한다. 그때 다시마 한 조각도 올려주자. 물이 끓기 시작하면 불을 약간 줄이고 다시마를 꺼내고 간장 다섯 숟가락, 설탕 세 숟가락을 넣어준다. 그렇게 15분에서 20분간 열을 가하고 다시 참기름을 한 숟가락을 넣고 올리고당도 세 숟가락을 넣고 졸여준다. 타지 않도록 수저로 계속 저어주어야 한다. 마지막으로 불을 끄고 깨를 넣어주면 된다. 시간으로 쳐도 예닐곱 시간이 걸리는 요리다.

콩자반을 만드는 서리태콩은 심혈관 건강에 도움을 주는 다양한 영양소를 함유하고 있다고 한다. 항산화 성분과 식이 섬유가 풍부하게 포함되어 있어 혈관 벽의 염증을 줄이고 혈압을 안정시키고, 혈관을 확장해 혈액 순환이 원활하게 이루어지도록 지원하여 심장 질환을 예방하는 데 탁월하다고 한다.

십여 년 전 서울을 다녀오다가 서해안 고속도로의 화성 휴게소에 들렀었다. 저녁을 먹기 위해 국밥을 시켰는데 반찬으로 김치와 콩자반이 나왔다. 야! 이거 반찬으로 콩자반이 나왔네, 하면서 콩을 한 숟가락 떠서 입에 넣었다. 바로 그때 '딱' 소리가 나면서 무언가 우지끈 하는 소리가 입에서 났다. 입에 있는 것을 모두 식판 위에 뱉었다. 작은 이빨 조각이 있고 검정콩 부스러기 사이에 검정콩 같은 모양의 작은 돌멩이가 하나 있었다. 자세히 보지 않으면 콩과 구분할 수 없는 그런 모양이었다. "나이가 들면서 이빨이 약해지는 것도 마음 아픈데 콩장을 먹다가 이빨이 부러지다니" 그렇다고 식당의 근무자분들에게 뭐라고 하소연할 수도 없었다. 그분들의 부주의가 아니었다. 그렇게 비슷한 모양은 사람의 눈으로는 그 누구라도 골라낼 수 없었다.

그 돌은 지구의 어디를 수억 년 떠돌다가 나의 입까지 오는 운명이 되었을까. 한편으로는 신기하기 그지없었다. 돌과 이빨의 충돌이라니. 별똥별이 지구에 내려오는 것도 그렇고 작은 돌이 나의 이빨에 부딪히는 것도 또한 어쩔 수 없는 것이라는 결론에 이르렀다. 지금도 나의 위쪽 우측 어금니 옆의 이빨 일부가 깨진 채로 있다. 그 깨진 이빨은 그날의 돌 충돌을 생생하게 증언하고 있다.

"콩을 절대로 먹지 마라"라고 한 사람이 있었다. 그는 바로 2500년 전의 수학자 피타고라스다. 피타고라스는 피타고라스의 정리와 무리수의 발견 등으로 수학사에 길이 남는 인물이다. 그런 위대한 인물도 극도로 콩을 싫어하기 때문에, 죽을 때에도 쳐

들어오는 적을 피해 콩밭으로 숨으면 살 수 있었을 것을 콩밭을 피해 달아나다 죽임을 당했다고 전해지고 있다.

나는 어린 시절 강낭콩 말고는 다 좋아했다. 특히 서리태콩은 어린 시절에도 없어서 못 먹을 정도였다. 하지만 우리 아들은 별로 콩을 좋아하지 않는다. 지금은 콩도 잘 먹는 건강한 성인이 되었다. 우리 둘째 아들은 2005년 6월 5일 일요일 크게 아픈 적이 있었다. 그때를 떠올리면 건강이 얼마나 소중한지, '지금'이라는 순간이 얼마나 감사한지를 깨닫게 된다.

그날은 일요일이었는데, 아이가 열이 나고 두통이 있다고 했다. 낮에는 주사도 놓아주고 약도 먹어서 저녁에는 조금 편해졌다. 밥도 먹고 머리도 덜 아프다고 해서 좋아질 것으로 생각했다. 하지만 저녁 10시경부터 배가 아프고 머리도 더 아프다고 했다. 열도 39도가 넘어가고 있었다. 우리 내외는 옆에서 계속 열이 내리도록 몸을 닦아주고 지키고 있었다. 그러나 열이 내리지 않았다. 해열제를 줬는데도 열은 40도가 넘어갔고 새벽 2시경이 되었을 때는 토하다가 의식을 잃어버렸다.

아이를 업고 차를 타고 최대한 빨리 응급실로 향했다. 집에는 큰아들과 막내딸이 자고 있었다. 아내도 같이 응급실로 가야 했기 때문에 아이들이 깨어나서 아침에 엄마 아빠가 없으면 놀랄 수 있어서, 큰아들을 깨웠다. "지금 동생이 열이 나면서 정신을 잃어서 응급실로 가고 있으니 동생이 일어나면 잘 챙겨서 학교에 가라"고 일러주었다. 그때는 마침 월요일 새벽이었다. 태안군 보건의료원에서 서산의료원으로 옮겼지만 아이는 의식이 돌아오지 않았다. 아침이 서서히 밝아오고 있었다. 천안에 있는 순천향병원으로 옮겨야 했다. 아내와 나는 구급차에 같이 타고 아들을 보면서 간절히 두 손을 모으고 고개를 숙이고 기도 드렸다. 하나님 제발 우리 아들을 살려달라고, 의식이 돌아오고 열을 내리게 해 달라고 기도하고 또 기도했다.

개원해서 한 달이 되지 않은 때였다. 병원에 전화해서 기다리는 환자분들에게 사정을 말하라고 했다. 지금 우리 병원을 찾은 환자들도 우리 아들만큼 모두 소중한 분이었다. 환자분들이 마냥 기다리게 할 수는 없었다. 근처의 다른 병원에서 치료받으시라고 연락을 했다.

아들은 순천향병원 응급실에서 뇌척수막염이 의심되어 검사를 진행했다. 상태는 조금씩 호전이 되어 오후 늦게는 조금씩 눈을 뜨고 의식이 돌아왔다. 수액을 투여하고 항생제를 투여하였다. 대전에 계시던 어머니께서 천안까지 오셔서 병상을 지켜주셨고, 우리 내외는 아이가 퇴원할 때까지 태안에서 천안까지 출퇴근해야 했다. 일주일 입원하고 퇴원했다.

우리 부부가 집을 비운 사이에 큰아들이 막내를 잘 보살피고 있었다. 새벽에 동생을 둘러업고 밖으로 나가고 아침에 엄마 아빠도 집에 없어서 집에 남아있는 아이들이 얼마나 놀랐겠는가. 큰아들이 초등학교 6학년, 둘째가 5학년 막내가 유치원에 다니던 시절이었다.

아이들에게 그날 이후로 더 열심히 음식을 골고루 먹고 특히 검정콩은 건강을 위해 꼭 먹어야 한다고 알려주고 있다.

서산에서 천안까지 가는 그 응급차 안에서 아이를 옆에서 지키면서 기도할 때의 그 간절함은 지금도 생생하다. 항상 착한 일을 할 것이며, 우리 아들이 무엇을 한다고 하던지 다 해줄 것이고, 지금보다 더 아이들에게 헌신할 것을 맹세했다. 개원하면서 아침 7시부터 저녁 9시 넘어서까지 진료를 하는 강행군이었다. 개원했을 때 내 나이는 42세였다. 결코, 개원하기에 젊은 나이는 아니었기 때문에 조금 더 열심히 한다는 생각을 했다. 그러다 보니 집에 들어가면 아이들은 잠을 자고 있었다. 한창 부모가 같이 있어 주어야 할 시기였다.

지금도 태안에 있는 우리 병원에서 진료하다가 응급실이 있는 병원으로 이송해야 할 때가 있다. 이때 구급차를 우리 병원으로 부르게 되는데 나는 보호자와 함께 꼭 구급차의 뒤에 타고 상급병원의 응급실까지 가면서 간절히 기도를 드린다. 자주 있는 일은 아니다. 그래도 몇 년에 한 번은 있다.

우리 아들을 이송할 때와 같은 마음으로 이 환자도 빨리 회복할 수 있도록 기도를 간절히 드린다.

검정콩을 볼 때면 콩자반을 만드는 그 정성과 피타고라스의 죽음과 아들의 건강과 환자의 무사를 기원하는 생각이 스쳐 지나간다.

영원한 내 편

저녁을 일찍 먹었다. 너무 늦게 먹지 않기 위해서다. 아침에 먹었던 어묵탕을 먹었는데 고춧가루를 넣어서 그런지 맛이 좋았다. 식사하고 걷기를 위해서 밖으로 나갔다. 다른 때와 다르게 몸이 무거웠다. 오늘은 아내와 같이 운동을 하러 나왔다. 아내는 나처럼 꾸준히 나와서 하지 않고 몸 상태가 좋을 때 나와서 운동을 한다. 내 몸이 무겁다는 사실을 아내에게 말하지 않았다. 크게 한 바퀴를 돌아야 하는데 작게 한 바퀴를 돌았다.

운동하는 곳은 우리 아파트 앞 공원인데 나무와 꽃이 잘 정돈되어 있고 아름다웠는데 엄마 아빠와 아이들이 나와서 마스크를 쓰고 놀고 있었다. 아내는 두리번거리면서 땅을 이곳저곳 보았다. 땅에 팻말을 세우고 지금 거래 가능하다는 말과 함께 핸드폰 번호가 적혀있었다. 아내는 땅에 관심이 많으므로 그런 글이 붙어

있으면 그냥 지나가는 법이 없다. 가격은 얼마인지 위치는 좋은지 등을 일일이 다 살펴본다. 아내는 그런 것에 관심이 있다.

더욱이 아내는 땅 문제뿐만이 아니라 주식이나 커피, 빵 등에도 관심이 많다. 아내와 걷는 도중에 그늘이 있는 쉼터가 보였다. 일견 보기에도 좋았는데 벤치가 있었고 사방은 나무로 둘러싸여 있고, 그늘도 막을 수 있는 지붕으로 덮여 있었다.

작년 생각이 났다. 아내가 집에서 오후에 빵 수업하면 나는 집 밖으로 나와서 4시간가량 보내야 할 때가 있었다. 그때 내포에 있는 도서관이나 명승지도 찬찬히 둘러보고 카페도 가보았다. 의외로 차를 주차하고 쉴 만한 곳이 없었다. 어디라도 그늘이 있으면 주차하고 쉬었으면 할 때가 있었다. 그때는 그렇게 그늘을 찾으려고 해도 찾을 수가 없었다. 홍성으로 덕산으로 당진으로 그늘을 찾아 돌아다녔다. 하지만 찾지 않을 때는 이렇게 눈에 금세 띈다.

"작년에 빵 수업할 때 밖에서 있을 때 좋을 때도 있었지만 아주 힘들었어"라고 말을 해주었다. 아내도 이해하고 있는 것 같았다. 그래도 올해는 수업하지 않는다. 코로나 19 때문에 그럴 수도 있고 아내가 쉬어야 해서 그럴 수도 있다. 여하튼 올해는 한 번도 수업하지도 않았고 다른 곳으로 수업을 들으러 가지도 않았다. 작년에는 성남이나 동탄 등으로 수업을 듣기 위해 간 적이 많았다. 서울도 많이 갔었다. 홍대 근처에 케이크를 만드는 공방이 있는데 이곳에 가서 수업을 들었다. 나는 아내가 공부하고 빵을 만드는 시간에 홍대 근처의 책방이나 도서관에 가서 둘러보았다. 대부분 내가 좋아하는 책은 집에 있지만 보고 싶은 책인데 우연히 발견하게 되면 너무 기쁜 마음으로 책장을 펼쳐보았다. 그렇게 기다리다 보면 아내가 나오고 아내와 같이 맛있는 음식을 먹곤 했다. 그래도 막상 맛있는 음식을 찾으려면 또 찾아지지 않았다. 평소에는 여기도 가고 저기도 가고 싶은 마음이 많이 드는데 막상 가려면 찾기가 힘들어서 아무 식당이나 들어가서 김밥과 떡볶이를 먹는 경우가 많았다. 그리고 버스를 타고 집에 오면 역시 집이 최고라고 했다. 그때 생각으로는 몇 년 수업을 받을 것 같았는데 더 하지는 않았다.

아내가 중국어 공부를 하기 위해 방송통신대학교에 다닐 때가 생각이 난다. 그때는 아이들이 어렸을 때인데 아내가 중국어 시험을 본다고 홍성에 간 적이 있었다. 그때도 몇 시간을 시험을 보니 아이들과 한용운 시비가 있는 곳을 돌아보기도 하고 덕산에 있는 윤봉길 의사 생가터도 가서 시간을 보냈다. 지금 돌아보면 모두 즐거운 추억으로 자리를 잡고 있다. 그렇게 여행하는 것도 나쁘지는 않은 것 같았다. 그 때문에 도서관도 여러 군데를 돌아다녀 보았다.

아내는 빵을 만드는 일을 좋아한다. 집에서 아이들에게 많이 만들어주곤 했고 손님들이 왔을 때도 후딱 빵을 만들어 대접했었다. 그 정도로 빵을 좋아하는 사람이다. 그리고 학습 방법이 나와는 다르다. 나 같은 경우는 수영을 배우든 사진을 배우든 골프를 배우든 거의 독학하는 스타일이다. 누가 코치를 해주는 것을 나빠하지는 않지만 코치해준 내용을 내가 익히려면 어차피 시간이 필요하고, 익숙해지게 연습해야 한다. 수영을 배우더라도 남들이 하는 걸 유심히 보고 따라 하는 편이다. 아내는 무엇을 익히기 위해서는 그 분야의 고수를 찾아가 배우고 집에 와서 연습한다. 공부하더라도 도서관이나 독서실에 가서 공부해야 잘 된다고 한다. 나는 주로 집에서 공부한다.

나는 누구에게 전화를 잘 하지 않는다. 안부 전화도 잘 하지 않고, 누군가에게 전화도 잘 걸려오지 않는다. 아내는 전화를 잘한다. 홀로 계신 어머니에게도 안부 전화를 자주 하고 연로하신 장모님과 장인어른에게도 안부 전화를 자주 한다. 친구들과도 전화를 자주 하고 자식들하고도 전화를 자주 한다. 전화하고 있는 아내의 모습만 봐도 흐뭇하다. 내가 하지 못하는 것을 아내가 대신 채워주는 기분이다.

아이들이 자랄 때는 아이들 뒤치다꺼리를 해야 하니 아내가 무엇을 즐기고 아내의 취미가 무언지 잘 모르고 지냈었다. 나이가 들고 아이들도 외지에 나가 생활하니 아내와 매일 생활하게 되고 아내가 좋아하는 것이 무엇이고 재미있어하는 것이 무엇인지 조금씩 알게 되었다. 그래도 간혹 대화할 때면 아내는 "그거 내가 좋아하는 것 몰랐어?"라고 반문하곤 한다. 말하자면 아내는 팥죽을 좋아하고 붕어빵을 좋아하는데 간혹 내가 잊어버리고 있다가 "당신 뭘 좋아한다고 했지?"라고 다시 물어보기도 한다.

우리 둘은 같이 좋아하는 것이 많이 있다. 영화 보는 것을 좋아해서 간혹 영화관에 같이 가서 영화도 본다. 여행을 좋아한다. 젊은 시절에는 산을 좋아해서 같이 산을 다닌 적이 있었다. 지금은 산에 가는 것을 힘들어해서 자주 가지는 못한다. 그래도 1년에 2~3번은 산에 같이 간다. 음식 취향이 비슷하다. 어느 집을 보면 부부끼리 음식 취향이 서로 달라 식구들이 같이 식사하지 못하는 경우도 본다. 우리는 물을 좋아한다. 다행히 바닷가에 살고 있어 바다를 보고 싶을 때 언제든 바다에 나가 수평선을 바라보곤 한다. 갈매기에게 새우깡 주는 것을 좋아한다.

7~8월이 되면, 차 뒤에 수영복을 챙기고 만리포와 파도리에 간다. 물이 깨끗하고 수심이 얕아 수영하기에 좋다. 아내는 수영하지 못한다. 그렇게 수영을 알려주려 해도 무서워서 배우려 하지 않는다. 그냥 튜브를 가지고 물에 떠 있는 것이다. 아내는 그것을 수영이라고 한다.

아내는 자전거를 타지 못한다. 무언가 공포증 같은 것이 있어 자전거 타는 것을 싫어한다. 알려주려고 시도는 많이 하고 있다.

지금도 자전거 타는 것 하나도 어렵지 않으니 같이 타러 가자고 해도 결사반대를 한다.

아내가 잘하고 내가 못 하는 것이 있다. 아내가 잘하는 것은 어떤 일이 있어도 눈 하나 깜짝하지 않는다는 거다. 이사하는 것을 나는 극도로 꺼렸다. 가만히 있어도 잘 살고 있는데 뭐하러 이사를 하느냐고 하면, 아내는 이미 계약도 다 끝내고 왔다. 나의 결정대로 살았다면 우리는 이사도 하지 못하고 항상 같은 자리에서 살았을 것이다. 자전거 타는 작은 일을 무서워하는 사람이 큰일에는 그렇게 과감할 수 없다.

아내는 진정한 용기를 가지고 있는 사람이다.

결혼 생활을 오래 하다 보니 좋아하는 취향도 점점 닮아가고 있다. 그러니 지금은 틀리더라도 시간이 지나면 다 맞는 것이 될지도 모른다. 지금 단정 짓지 말고 결론을 내리지 말자. 지켜보면 무슨 일이든 좋은 쪽으로 해결될 것이다.

한예린 님의 에세이『그럼에도 좋은 날은 오니까요』에는 이런 내용이 있다.

내 편이 있다는 건

나의 연약한 부분을 보여 줘도 전혀 부끄럽지 않은 것
혼자서는 해결하지 못할 부분을
서로 함께 헤쳐나갈 수 있는 것.
잡을 손과 기댈 어깨가 있다는 것.
길을 잃고 헤매지 않도록
길목을 밝혀 주는 사람이 있다는 것.
나와 주변을 사랑하게 하고
그로 인해 내면에 사랑이 충만해지는 것

이처럼 내 편이 있다는 건 존재만으로도 소중하고 값진 것이다. 덕분에 오늘을 잘 보낼 수 있었고, 내일을 살아갈 수 있게 하며, 또 다른 미래를 꿈꾸게 하는 고마운 사람이기 때문이다.

행복이란 같이 바다를 바라보는 것이다

 아침에 예배를 드렸다. 그리고 바닥을 청소했다. 물걸레질하고 빗자루로 쓸고 또 진짜 자동 물걸레 기계로 물걸레질을 했다. 매일 물걸레질을 운동 삼아 한 번씩 하고 있으니, 대청소한다 해도 어렵지 않게 할 수 있다. 창고에 보관하고 있는 오래된 책도 정리하려고 계획했는데 못 했다. 쌓여 있는 신문지는 어느 정도 재활용 용품 버리는 곳에 버렸다. 아내가 쓸지도 모르니 조금 남기라고 해서 남겼다. 내가 지금 가장 잘하는 일은 역시 쓰레기 버리는 일이고 청소다. 잘할 수 있는 일을 하면 기분이 좋아진다.

 살다 보면 잘하지 못하는 일도 하게 되는 때가 있고, 하고도 결과가 좋지 않아 낙담할 때도 있다. 그런 생각에 계속 빠져있다면 삶은 어려운 늪에서 빠져나오지 못할 것이다. 그럴 때면 무언가 잘할 수 있는 일을 찾아서 하면 된다. 잘하는 일을 하면 기분이 좋고 집중할 수 있다. 오늘 하루는 성공한 기분이 들어서 좋다. 청소를 깨끗이 하니 아내도 좋아한다. 속으로는 좋아하지만, 겉으로는 깔끔하게 청소를 못 한다고 역정을 낸다. 가장 많이 하는 말은 "이러니 내가 못 맡기지"라는 말이다. 아내의 마음을 만족하게 할 청소 기술을 더욱 발전시켜야겠다.

아내는 내가 한 청소의 보답으로 맛있는 점심을 차렸다. 갈치조림을 했다. 갈치조림 냄새가 집에서 나는 건 극히 드문 일이다. 우리 부부는 갈치조림은 부유한 자들이 즐겨 먹는 음식으로 생각하고 있었다. 비린내 때문에 하기도 어렵지만, 갈치 가격이 만만하지 않음으로 아무 때나 해서 먹을 수 있는 음식이 아닌 까닭이다. 그런데 오늘은 큰맘을 먹고 갈치조림을 했다. 그마저도 아내는 먹지 않는다. 나는 아내에게 가시를 바르는 수고를 덜게 하려고 내가 가시를 발라서 아내의 수저에 놓아 주었다. 그러면서 이런 말을 해주었다. "이제부터 갈치 가시는 내가 발라줄게"라고 말이다. 갈치에 사실 살도 별로 없는데 그걸 먹기 위해서 가시를 바르는 아내를 생각하면 안쓰럽다. 아내의 젓가락이 갈치 쪽으로 가려고 할 때 살을 발라서 아내의 수저에 놓아주어야 한다. 그렇게 하면 좋겠지만 사실은 그렇게 못 할 때가 많다. 마음이라도 그런 마음을 가졌으면 좋겠다.

겨울에는 하얀 눈을 같이 맞으며 걷고
봄에는 벚꽃 가로수를 같이 손잡고 걸으며

여름에는 푸른 바다를 보며 시원 한 바람을 같이
맞는다.
가을에는 떨어지는 낙엽을 같이 밟으며 부시식 하는
소리를 듣는다.
갈치가 많이 나는 때는 갈치의 살을 발라서 아내의
수저에 놓아준다.
산 꽃게를 사 오면 날카로운 꽃게의 집게다리를 잘라주
어야 한다. 그렇지 않으면 꽃게를 손질하는 아내의 고무장갑을
물고 놓지 않을 것이다.

나의 맹세다. 살아가면서 다른 건 못 할지 모르지만, 이것만은
꼭 해줄 것이다.

그리고 우리는 잠시 쉬었다가 밖으로 나갔다. 오서산과 보령을
보기 위함이었다. 보령시에서 공중보건의사로 근무하고 아이들
과 생활한 지도 20년도 더 전의 일이지만 간혹 가봐야 하는 곳이
기도 하다. 오서산은 한 번도 가보지 못한 유명한 산이다. 광천을
거쳐서 오서산 주차장에 차를 세우고 걸어서 오서산 표지판이 있
는 곳까지 올라갔다가 바로 내려왔다. 집에서 나올 때 아내는 쇼
핑하자고 했고, 나는 산에 올라가기 위해서 등산화를 신고 나왔
다. 아내와 나의 복장이 달라서 등산하듯이 산에 올라갈 수는 없
었다. 다음에 갈대가 산을 뒤덮을 때 다시 오기로 하고 우리는 보
령으로 향했다.

대천해수욕장에 사람들이 많았다. 서해안 최고의 해수욕장 더 웠다. 아는 후배도 보았고, 또 다른 후배는 대천해수욕장에 다녀 왔노라고 페이스북에 올리기까지 했다. 참으로 신기한 일이다. 사람들의 마음은 모두 비슷한 모양이다. 내가 보기 좋으면 남도 보기 좋고 내가 가고 싶은 곳은 다른 사람도 가고 싶어 하는 것 같다.

대천해수욕장은 경사가 완만하고 모래가 깨끗하다. 크고 화려하고 다양하다. 조개껍데기 가루로 이루어진 바닷가 백사장은 너무 아름답다. 예전과 다른 점은 바닷가 앞의 횟집들이 모두 구조를 현대식으로 해서 더욱 군침이 돌게 변했다. 호객만 하지 않는다면 좋겠는데 걸어가는 내내 호객행위를 했다. 조개구이가 무한리필입니다, 물회가 있어요, 일단 들어와 보세요 등등 우리 내외를 유혹했다. 우리는 밥을 먹고 간 곳이라 배는 불러서 근처 커피숍으로 들어가서 빵 하나를 사서 나누어 먹었다. 뜨거운 아메리카노도 사서 마셨다. 바람이 시원하게 불어서 이것이 인생이라는 생각이 들었다. 바닷가에는 거의 젊은 사람들이 많았다. 나는 예전에 이곳에서 보건지소장으로 근무한 적이 있었다. 일 년에 한 번 여름에는 대천해수욕장과 무창포해수욕장에 나와서 파견 근무를 하면서 해변에서 놀다가 다친 사람들이 있으면 치료를 해주었다. 그때는 나도 젊었으므로 주역이었고 지금은 이곳에서 뛰어노는 청년들이 주역이다. 길에 서서 담배를 피우는 젊은 사람들이 있었고 외제 스포츠 차를 타고 커피숍 앞을 지나가는 젊은이들이 있었다. 남녀가 와서 스킨십하는 사람도 여러 명이 눈에 띄었다. 아내와 나도 손을 꼭 잡고 다시 주차장으로 갔다.

돌아오는 차 안에서 오늘은 어땠느냐고 물었다. 아내는 넓은 바다와 젊은이들을 보니, 우리 부부가 지금보다 더 젊은 시절에 이곳에서 아이들과 함께했던 그 순간이 생각이 나서 좋았다고 한다. 중간에 아들의 전화가 왔다. 낮잠을 자는데 꿈에 부모님이 보여 전화했다고 한다. 아무 이상 없으니, 걱정하지 말라고 바닷가에 있는 사진을 찍어서 전송했다. 아들이 멀리 있으니 부모의 안부가 걱정되는 모양이다. 우리 부부도 객지에 나가 있는 아이들이 보고 싶고 그립다.

행복이란 같이 눈을 맞추는 일이고, 벚꽃길을 같이 걷는 것이며, 바다를 바라보는 일이고, 두 발로 떨어진 낙엽을 같이 밟는 것이고, 갈치구이의 가시를 잘 발라서 함께 먹는 것이고, 꽃게의 날카로운 발에 손을 다치지 않게 잘 손질하는 것이다.

무관심은 사랑이다

소크라테스에게는 크산티페라고 하는 까다롭고 성질이 급한 아내가 있었다고 한다. 플라톤이나 크세노폰 같은 철학자들이 소크라테스를 긍정적으로 묘사하는 과정에서, 그의 부인은 반대로 그를 괴롭히는 인물로 그려진 측면이 없지 않아 있었을 것이다. 유명한 일화로 소크라테스가 아테네 거리에서 제자들과 대화하는 동안, 화가 난 크산티페가 그에게 물을 쏟아버렸다는 이야기가 있다. 이에 대해 소크라테스는 "천둥이 친 뒤에는 비가 오는 법이지"라고 태연하게 말했다고 한다.

소크라테스는 가난했으며, 철학에 몰두하느라 생계를 제대로 책임지지 못해서 크산티페가 불만이 생겨 그런 일을 벌였을 수도 있다.

연암 박지원이 지은 열하일기에는 '허생전'이라는 이야기가 있다. 그 이야기는 다음과 같다.

매일 글만 읽고 돈을 벌지 않던 허생원은 아내의 바느질품을 팔아 살아가고 있었다. 어느 날 아내는 너무 배가 고파서 제발 나가서 무어라도 하라고 했다. 허생원은 그 소리를 듣고 원래는 10년을 공부하려 했는데 7년밖에 공부를 하지 못했다고 하면서 돈을 벌러 나갔다.

이렇듯 한 집안에서 아내의 역할은 중요할 수 있다. 아내가 화를 내느냐 묵인하느냐이다.

클래식기타를 연주한다는 것은 기타를 연주하는 것 자체보다 더 중요한 무엇이 있다. 클래식기타를 연주하려면 기타가 준비되어 있어야 하고 기타에 기타 줄이 끼워져 있어야 한다. 그뿐만 아니라 손톱을 갈고 발판을 밟고 자세를 잡는 일도 뺄 수 없는 요소다. 손톱을 하루에도 아침과 저녁에 꼭 다듬어 주어야 한다. 손톱을 갈거나 다듬을 때 날리는 먼지도 조금만 방심하면 방 곳곳에 하얀 먼지로 수북이 쌓이게 된다. 넓은 연습실에서 연습할 때는 알 수 없던 일이지만 주로 집의 방에서 연습하고 손톱을 다듬는 나로서는 꼭 신경을 써야 하는 부분이다. 아내가 묵인하고 용서하지 못하면 쫓겨날 수도 있는 일이다.

중고등학교에 다닐 때 뉴턴과 아인슈타인을 좋아했다. 특히 아인슈타인은 어린 시절부터 바이올린을 연주했고 대학교수가 되어서도 실내악을 연주할 정도로 바이올린 연주를 좋아했다고 한다. 나의 마음속에도 악기는 꼭 하나 익혀야겠다는 생각이 들었는데, 그럴 여유도 시간도 없던 시절이었다.

대학교에 입학하면 처음에 동아리를 소개하는 시간이 있는데 동아리 홍보를 맡은 선배들이 한 명씩 강의실에 들어와서 본인의 동아리는 어떤 활동을 하는지 설명을 했다. 축구, 농구, 그림, 봉사, 그룹사운드, 관현악 그리고 클래식 기타가 있었다. 다른 것들은 내가 할 수 있고 들어본 동아리라면, 클래식 기타는 처음 들어보는 악기였다. 기타라는 악기를 알고는 있었다. 통기타나 전자기타는 본 적이 있었고 친숙한 듯한 악기라면 클래식기타는 생소한 악기였다. 그래서 클래식기타를 배우기 시작했고 그날로 선배를 따라 동아리방으로 갔다.

동아리에 가서 선배들의 연주를 듣는 순간 그 자리에서 그 아름다운 소리에 매료되어 정신을 차릴 수 없었다. 그날 이후 열심히 연습했고, 결혼하고서도 계속 연습했다. 남들보다는 조금 늦게 시작했을지는 모르지만, 누구보다 꾸준히 부지런하게 연습했던 것 같다.

스페인의 유명한 기타리스트인 안드레아 세고비아는 16세부터 연주회를 시작하여 1987년 6월 2일 스페인 마드리아에서 94세의 일기로 사망할 때까지 전 세계를 돌며 연주 활동을 멈추지 않았던 분이다. 클래식기타의 신이라 불리는 세고비아처럼 연주회를 할 수는 없지만, 나의 경우는 주로 명절날 가족들이 모였을 때 간단한 소품을 연주하거나, 고등학생이던 아들에게 여자친구가 생겼을 때 아이들을 불러다가 '로망스'를 연주하며 예쁜 만남을 가지라고 조언해주기도 했다.

아내에게도 알려주고 싶었다. 기타의 매력과 그 심오한 음색에 대하여 말이다. 그러나 아내는 클래식기타를 연주하는 것을 그렇게 좋아하지 않았다. 아내가 좋아하는 빵을 만드는 일이나 아이들을 위해서 음식을 할 때는 새벽에 일어나서 몇 시간씩 집중하지만 어쩐지 기타만 잡으면 모양새가 나지 않고 금세 포기를 하곤 했다.

그렇다고 아내가 본인이 하지 않는다고 나의 기타연습에 대하여 무어라고 말을 하는 경우는 없었다. 아내는 기타에 대해서는 항상 무관심으로 일관했다, 어쩌다 말을 한다면 "음악 시간을 가지고 있군", "항상 똑같은 곡만 연주하네" 같은 일반적인 말이었다.

어떤 환자가 질병이 있을 때 그 병에 대하여 의사가 무관심하면 병을 키울 수 있고, 어린아이가 어긋나는 행동을 하는데도 불구하고 어른들이 무관심하면 그 아이는 나쁜 길로 들어설 수도 있다. 일반적으로 무관심은 좋은 의미로는 쓰이지 않는다.

바다는 경계를 알 수 없듯이 모든 것이 끝없이 펼쳐져 있다. 하늘에 무심하게 둥그렇게 떠 있는 달을 보면 우리에게 얼마나 무관심해 보이는가. 하지만 그 무관심 안에는 한없는 사랑과 포용력을 가지고 있다.

긴 결혼 생활 속에서 우리는 때때로 상대방에게 너무 많은 관심을 기울이려다 오히려 부담을 주기도 하고, 반대로 무관심이 상대에게 상처가 되기도 한다. 하지만 어떤 무관심은 사랑의 한 형태일 수도 있다.

상대를 믿고 존중하기 때문에 굳이 사사건건 간섭하지 않는 것. 상대가 자기만의 시간을 가질 수 있도록 조용히 배려해 주는 것. 혹은 불필요한 말다툼을 피하고 이해하는 마음으로 한발 물러서는 것. 이런 태도들은 무심해 보일 수 있지만, 사실은 더 깊은 신뢰와 애정에서 비롯된 것이다.

내가 클래식기타 연습을 할 때도 마찬가지다. 초보 시절에는 작은 실수에도 신경을 곤두세우지만, 시간이 지나면 자연스럽게 흘려보내며 전체적인 흐름을 더 중요하게 여기게 된다. 결혼 생활도 그와 같아서 모든 순간에 간섭하고 조율하려 하기보다 적절한 거리와 여유를 두는 것이 오히려 사랑을 깊고 오래 유지하는 방법일 수 있다.

밥은 꼭 먹고 다녀야 한다

아내가 차린 식탁은 사랑이 담겨 있다. 그 사랑은 가족을 향해 있다. 마음에서 손으로 이어져 밥상으로 오르게 된다. 어느 집이나 그럴 것이다. 엄마의 가족 사랑 마음은 본능이다. 엄마의 본능은 세상의 등불이요 우리를 지키는 보호막이다. 2003년 봉준호 감독의 〈살인의 추억〉이라는 영화에서 배우 송강호 씨의 대사에 '밥은 먹고 다니냐'라는 말이 나오는데, 어떤 평론가는 한국영화사 최고의 대사로 꼽기도 했었다. 그 대사에는 많은 의미가 숨겨져 있다.

요즈음에는 식당·반찬가게·마트가 어느 곳이나 있어 쉽게 밥을 먹을 수가 있다. 반찬을 잘 만들지 않는 집도 많은 것 같다. 그래도 아내는 열심히 반찬을 만들려고 노력하는 편이다. 아내도 결혼 전이야 음식 만드는 것에 대하여 미리 공부하거나 훈련한 것은 아니다. 결혼하다 보니 아내가 되어 있었고 엄마가 되어 있었다. 신혼 초에는 아무것도 모르고 살림을 시작했다. 24세의 어린 나이에 만들 수 있는 음식은 미역국 하나였다. 그렇게 하나하나 시행착오를 겪으면서 음식을 만들었다. 처음부터 요리를 잘한 것은 아니다. 아이가 태어나고 우유를 먹고 이유식을 먹고 밥을 먹는 단계를 거친다. 그때부터 아내의 손은 분주해졌다. 밥과 숟가락을 들고 아이들을 쫓아다니면서 먹였다. 아이들이 학교에 가고 운동회를 하고 소풍 갈 때 아내의 손은 더 분주했으며 나날이 실력이 쌓이고 쌓였다.

아내는 건강한 편은 아니다. 그렇다고 큰 병을 가지고 있는 것도 아니다. 약한 체질에다가 너무 살이 찔까 봐 음식을 소식함으로써 생긴 약골이다. 몇 해 전에도 어지럼증이 있어 이비인후과 진료를 받았더니 메니에르병이라고 약을 먹은 적도 있다. 나는 아침 점심 저녁을 꼬박 챙겨 먹지만 아내는 그때그때 조금씩 먹는 편이다.

아이들을 위한 음식을 만들었다. 아이들은 세 명 모두 식성이 달랐다. 큰아들은 김치찌개와 된장국 같은 토속적인 음식을 좋아했고 둘째 아들은 무조건 고기와 밥이었다. 어디를 가든 고기였고 고기를 먹으면서 밥을 먹어야 했다. 막내딸은 팥이나 콩이 들어있는 음식을 먹지 않았다. 세 명의 입맛을 고려한 음식을 만들었다. 아이들이 커서 타지에 나가 자취할 때 바리바리 음식을 싸서 택배로 보냈다. 택배로 음식을 보내는 날이면 전날부터 새벽에 일어나서 음식을 해서 얼릴 것은 얼리고 밀봉할 것은 밀봉해서 택배로 보냈다. 아내는 그럴 때가 힘이 나고 가장 즐겁다고 했다. 그렇게 하기를 거의 20년이 넘었다.

이제는 아내도 요리를 잘하는 편이 되었다. 아이들도 엄마의 요리를 항상 극찬한다. 요즈음도 객지에 나가서 공부하는 아이들이 엄마의 닭볶음탕을 먹고 싶다는 문자를 넣거나, 엄마의 김치찌개를 먹고 싶다고 문자를 한다. 아내는 아이들이 먹고 싶은 것은 모두 해줘야 한다고 한다. 그것이 엄마의 의무라고 했다. 아이들을 위한 반찬은 대부분 맛있다. 본능적으로 자식에게 먹이는 음식은 최선을 다하는 것 같다. 한 치의 오차가 없다. 아내는 그런 음식과 반찬 쪽으로는 천부적인 재능을 갖고 있다.

하지만 아내에게 고집스럽고 융통성이 없는 면도 있다. 콩나물무침을 할 때 그렇다. 식당에서 먹어본 콩나물무침은 아삭하고 싱싱하다. 최소한 나의 입맛에는 그런 콩나물무침이 맞는다. 그러나 아내의 콩나물무침은 그렇지 않다. 그런 식당의 무침은 너무 아삭거려 싫다고 했다. 아주 푹 삶아진 콩나물무침을 좋아한다. 아삭한 나물을 만들려면 끓는 물에 콩나물을 6분간 데쳐주면 되는데 아내는 그보다 훨씬 긴 10분 이상을 끓는 물에 콩나물을 끓여준다. 그러면 거의 콩나물이 콩나물죽처럼 된다. 아내는 이런 콩나물무침이 훨씬 맛있다고 한다. 아내는 콩나물보다 숙주를 더 좋아한다. 아내가 싫어하는 것을 억지로 고칠 필요가 없다. 우리는 서로의 음식에 대한 의견을 존중한다.

아내는 한 번에 여러 반찬을 하기를 좋아한다. 파 마늘 양념을 사용해서 한 번에 여러 반찬을 만드는 데 사용한다. 이석 삼조 효과를 내기 위한 우리나라 여인들의 비법이다. 그렇게 하면 시금치 무침과 고사리나물 무침의 향과 맛이 비슷하다. 무 생채 맛과 깍두기 맛도 비슷하다. 한가지 요리를 하는 것 같은데 상위에 차려진 것을 보면 4~5가지 반찬이 차려져 있다. 그만큼 손이 빠르다는 것을 알 수 있다. 빠르게 할 때는 낭패 보는 때도 있다.

또 어떨 때는 음식을 엄청나게 많이 한다. 잡채를 큰 다라이에 하나 가득 해서 먹다 먹다 남아서 냉장고 이곳저곳에 넣었는데 결국 비닐 봉지마다 물이 생겨서 버린 적도 있었다. 아내도 사람인지라 완벽 그 자체는 아니다. 손도 크고 계획도 항상 크게 세운다.

딱 보면 안다. 식당에 가서도 그 모습만 보고도 이 음식은 아니라고 고개를 절레절레 흔든다. 그래서 아무 식당이나 가지 않는다. 아내가 좋아하는 식당은 정해져 있다. 떡볶이를 좋아한다. 곱창도 좋아하고, 칼국수도 진짜로 좋아한다. 25년 정도 같이 먹다 보니 나도 아내가 좋아하는 음식을 좋아하게 되었다.

우리는 새로 개업한 식당은 꼭 가보는 편이다. 근데 조금이라도 아내의 눈밖에 나면 그 집은 두 번 다시 방문하지 않는다. 이건 철칙이다. 그러면 이 식당의 앞날은 보지 않아도 뻔하다.

무침 하나만 봐도 알고, 국을 한 수저 떠먹어보아도 알고, 직원의 태도만 봐도, 아내는 금방 알아챈다. 그 식당의 문제가 무언지를 바로 안다. 식당 주인이 개업하기 전에 미리 이런 사실을 알았다면 그 식당은 잘되는 식당이 되었을 것이다.

직원 어머니 중에 음식을 잘하시는 분이 계신다. 이분이 간혹 점심을 싸서 오시기도 하고 댁에 가서 음식 대접받을 때도 있다. 아내는 맛을 보고 그 위대한 맛에 고개를 떨군다. 내가 맛을 보면 아내의 음식이 오히려 더 맛있는 것 같은데 아내는 그분의 음식에 감탄한다. "나물의 간을 어떻게 이렇게 잘 조절하셨을까. 동태탕은 비린내가 이렇게 나지 않지" 하며 연신 감탄사를 내뱉는다.

오늘 저녁도 밥과 아내가 만든 채소볶음 요리를 먹고 있다. 내 앞에서 아내는 밥을 먹지 않고 채소볶음만 조금 먹는다. 이렇게 같이 앉아서 저녁 식사할 때 감사한다. 오늘 하루도 무사하게 지내게 해 주신 것에 대해서 감사하고, 오늘도 어제와 같은 날이지만 어제와 같은 일을 할 수 있어서 감사한다. 사고가 나거나 건강이 좋지 않다면 이러한 일상을 누리지 못할 것이다.

매일매일 밥상을 마주할 때 겸손과 고마움을 마음속에 간직하게 하시고, 우리와 같이 식사는 하지 않으나 어디서 식사하고 있을 사람들에게도 축복을 내려 주시기를 기도드립니다.

밥 한톨 나물 하나 양념 하나도 그냥 된 것이 없으며, 모두 소중하고도 귀한 그 누구인가가 땀과 정성으로 수확하여 식탁에 놓이게 된 것임을 알게 하소서.

밝은 태양의 빛과 열을 받으며, 밤의 어둠과 차가움을 간직하고 매일매일의 거친 바람을 맞이하며 하나님의 보살핌 아래에서 무럭무럭 자랐을 알곡들과 채소들이 받았을 경이로움을 깨닫게 하소서.

어디에선가 일용할 양식이 없어서 오늘도 배를 움켜쥐고 참아내고 있을지도 모르는 사람들에게 내일은 더 큰 은혜와 보답이 있을 수 있다는 믿음을 가지게 하소서.

이러한 귀한 음식을 먹고 오늘 하루를 소중하고 최고의 날로 만들 수 있는 용기와 진취적인 기상을 가지게 하소서.

내가 좋아하는 예수님의 말씀 '산상수훈'

심령이 가난한 자는 복이 있나니 천국이 저희 것임이요

애통하는 자는 복이 있나니 저희가 위로를 받을 것임이요

온유한 자는 복이 있나니 저희가 땅을 기업으로 받을 것임이요

의에 주리고 목마른 자는 복이 있나니 저희가 배부를 것임이요

긍휼히 여기는 자는 복이 있나니 저희가 긍휼히 여김을 받을 것임이요

마음이 청결한 자는 복이 있나니 저희가 하나님을 볼 것임이요

화평케 하는 자는 복이 있나니 저희가 하나님을 볼 것임이요

의를 위하여 핍박을 받은 자는 복이 있나니 천국이 저희 것임이라

— 마태복음 5장 3~10절

여행 갈 때는 출발을 조심하자

 수덕사가 있는 덕숭산으로 갔다. 수덕사는 충남 예산군 덕산면에 있는 사찰로 백제 시대에 창건되었으며 덕숭 낭자와 수덕 도령의 전설이 있다. 아침을 집에서 먹고 가을이 가장 무르익은 날 아내와 함께 아름다운 광경을 눈에 담기 위해서다. 수덕사의 입구부터 차들이 줄을 서 있었다. 매표소가 있었는데 들어갈 때는 그냥 들어가고 나올 때 2,000원 씩 계산하고 나왔다. 매표소에 들어갈 때 차 번호를 자동으로 인식하게 되어있었다.

 주차장 근처 카페에 있는 화장실을 이용하려 했는데 카페를 쓰는 사람이 이용할 수 있게 되어있었다. 매표소 쪽으로 올라가면 또 화장실이 있어서 신경을 쓰지 않고 올라갔다. 각종 산나물이나 뿌리 식물들을 팔고 있었다. 씨앗도 있었고 씨앗이 들어있는 베개도 있었다. 가격이 표시되어 있지 않아서 가격이 궁금했지만, 물어보지 않았다. 분명히 비쌀 것 같았다. 그 길을 따라 올라가다가 매표소 앞에도 줄을 서 있고, 들어가는 입구는 방역하는 곳을 통과하게 되어있어서 안으로 들어가지는 않았다. 아내는 표를 끊으려고 줄을 서 있다가 내가 들어가지 말자고 해서 나왔다.

우리는 입구에서 가을 나무와 산봉우리를 배경으로 사진을 찍었다. 모든 산이 색색으로 되어있어 사진이 예쁘게 나왔다. 내려오면서 더덕구이 정식을 먹었다. 상 위에 지구상에 있는 모든 생물로 만든 음식이 차려 있었다. 날개가 있는 오리 훈제부터 지상의 풀과 지하의 더덕까지, 바다의 조기와 홍어찜과 강바닥의 우렁쉥이까지 차려 있었다. 아내는 너무 좋아했고 나도 영양식을 먹는 것 같았다. 식사하고 나오니 옆에서 군밤을 팔아서 한 봉지 사서 깨물어보았다. 그 맛이란 가을의 정점임을 깨닫게 하는 맛이었다. 바람이 살살 불었고 햇볕은 따가웠다. 조금 시간이 더 지나면 지금 보이는 색은 모두 없어지고 누렇고 어두운 갈색만이 남게 될 것이다. 길거리에는 2주 전만 해도 코스모스가 환하게 해 주었는데 지금은 하나도 보이지 않고 대신 갈대의 부드러움이 우리를 맞이해 주었다.

수덕사가 있는 덕숭산은 집에서 멀지 않는 곳에 있어서 일 년에 한두 번은 오곤 하는 곳이다. 계절마다 다르고 시간마다 다른 것이 자연의 모습이다. 언제나 똑같은 모습을 보여주지 않는다. 아이들이 어린 시절에도 같이 왔었다. 덕숭산 끝까지 올라간 적도 있었다. 가야산 원효봉도 가보고 석문봉을 올라보기도 한다. 산에 가는 것은 자연을 보기 위함이다. 산 높은 곳에 올라 바닷가를 보며 지도를 만든 사람들을 헤아려보기도 했고, 옛 고승이 걸어서 삼천리 방방곡곡을 여행할 때 산등성이에서 삿갓을 쓰고 바라보던 모습도 상상해본다.

결혼하기 전에는 아내와 나는 둘 다 산을 좋아했다. 전문적인 등산인은 아니라 하더라도 산에 가는 것을 꺼리지 않았다. 아이들이 태어나면서 산보다는 공원이나 놀이동산, 박물관, 도서관을 많이 갔다. 산에 가는 횟수는 줄었으나 매년 꾸준히 갔다.

하지만 아내는 어디를 가려면 그 전에 큰일을 치르곤 한다. 덕숭산에 갈 때도 가기 전에 차에 탔는데, 핸드폰이 없어졌다고 한다. 항상 무언가를 놓고 오는 사람이라 내가 두 눈 부릅뜨고 핸드폰을 지켜보고 있는데도 없어졌다고 하니 알다가도 모를 일이다. 차 안까지는 핸드폰을 가지고 탄 것 같으니 차 안을 잘 찾아보라고 했다. 아무리 찾아도 없었다. 한참을 씨름하고 이제는 핸드폰을 포기하려 했다. 그리고 카톡 문자를 보내 보았다. 아주 작은 소리로 어디선가 '카톡' 하고 울리는 것 같았다. 아주 작은 소리여서 분간이 잘 가지 않았다.

그래도 조용히 하고 다시 같이 차 안을 꼼꼼히 찾아보았다. 차 안에는 어디에도 없었다. 그때 아내가 찾았다고 하면서 등산복에 달린 모자에서 핸드폰을 꺼내는 것 아닌가. 재미있는 등산길이 우울하게 될 뻔했지만 그래도 잘 찾아서 다행이었다. 그냥 가는 법이 없다.

일 년 중에서 가장 아름다운 계절의 황금시간에 나는 아내와 가을을 맞이하고 있다. 가장 사랑하는 사람과 같이 있어 행복했다. 이곳저곳 만나는 사람도 있을 것이고 가야 할 곳도 있겠지만 지금 오늘 이 순간은 아내와 함께 가장 좋은 곳에서 쏟아지는 햇살과 부는 바람에 몸을 의존하고 싶다.

2022년 내 생일날 모두 모여 등산을 했다. 내 생일은 음력으로 9월이요 양력으로 10월이다. 가을의 절정기다. 생일날은 소원을 들어주는 날이다. 나의 소원은 다 같이 산에 가는 것이다. 아내도 가족 모두 여행 가는 것을 마다하지 않는다. 설악산에 가기로 했다. 횡성 한우 축제를 들러서 설악산에 갔다. 가을의 절정이라 그런지 온 나라 사람들이 모두 설악산에 온 것 같았다. 외국인들도 많았다. 우리는 비룡폭포를 거쳐서 토왕성 폭포까지 가기로 했다. 산이 가팔라서 아이들처럼 빨리 올라가지 못했다. 그래도 이런 산에 올라갈 수 있는 체력을 주심에 감사했다. 쉬며 올라갔다. 중간에 아내는 내려가자고 했는데 그래도 여기까지 왔는데 어떻게 그냥 가느냐고 더 올라가자고 했다. 아내를 추스르며 올라갔다. 아내는 올라갈 수는 있지만, 혹시나 다칠 염려 때문에 돌아가자고 한 것이다.

비룡폭포까지는 남들이 가니 따라갈 수 있었는데 거기서 토왕성 폭포까지는 한참을 올라가야만 한다. 올라갔다가 내려오는 사람들이 이미 물도 마르고 폭포도 흐르지 않으니 올라갈 필요 없다고 한다. 그런 소리를 들으니 더 올라가고 싶어졌다. 아들 둘은 미리 올라갔다가 내려오고 있었고 막둥이가 우리와 같이 올라가고 있었다. 막둥이는 우리 내외를 보고 힘내라고 해주었다. 나도 무릎이 아파서 너무 힘들었지만 포기하기는 싫었다. 아내의 손을 잡고 천천히 하나씩 올라가자고 했다. 이윽고 토왕성 폭포까지 올라갔다. 역시 폭포의 물은 없었고 흔적만이 있었다. 그래도 온 보람은 있었다.

하지만 이번 설악산 산행도 떠날 때는 순탄하지 않았다. 아내가 너무 들뜬 나머지 아파트 계단을 오르다가 꽈당하면서 넘어지고 무릎에 피가 나는 상처를 입었다. 골절까지는 아니라 하더라도 통증으로 한참을 울먹이며 앉아 있어야 했다. 이때부터 우리는 들뜬 마음을 차분히 하고 여행을 다녀올 수 있었다.

나도 40대 때는 마음만 들떠서 차분히 어디를 다녀오지 못했다. 발목을 자주 접질렸다. 여행 가기 전에 꼭 발목을 접질러서 식구들이 걱정하게 했다. 공항에서 검색대를 통과할 때도 나만 걸린다. 맥가이버칼은 휴대해서는 안 되는데 검색대를 통과 못하고 버리고 가야만 했다.

나도 아내도 덤벙대는 기질이 있는 것 같다. 이제는 더 조심하고 더 사전 점검하고 철저하게 준비해야 한다.

지금은 그러지 않지만 40대에는 여행만 가면 오는 내내 싸움만 하며 오는 때도 있었다. 지금도 그 당시를 생각하면 얼굴이 화끈거린다. 싸울 거리도 아닌데 계속 싸웠던 것 같다. 아버지로서 책임감 때문에도 그럴 수 있지만, 마음의 폭이 넓지 않았기 때문이었다. 젊은 시절에도 포용력이 넓었더라면 조금 더 빨리 안정을 찾았을 것이다.

불안한 40대 시절이여! 그런 불안기가 있었기에 지금의 60대가 있으리라고 확신한다. 그리고 그 아슬아슬한 불안기를 잘 견뎌준 나 자신에게 고맙다는 말을 하고 싶다. 항상 곁에서 아내가 지켜주고 있었고, 아이들이 함께하여 주었다. 어려움을 함께 겪었기에 그 어떤 시련도 이겨나갈 수가 있었다. 시련도 이제는 즐거움으로 다가오고 있다. 인생은 누구에게나 소풍이니까, 여행이니까, 그런 중에 일어나는 모든 일은 가족과 함께 부딪히고 돌파하면 위로가 되고 행복이 되는 것이다.

특별한 기념일에 하늘의 별을 보자

나는 부모님이 결혼기념일을 기념하는 것을 본 적이 없다. 생소한 단어였다. 익숙하지 않았다. 예전에는 기념일 자체를 챙기는 것 자체가 생소했다. 기껏해야 생일날과 명절날이다. 외국영화를 보면 깜짝파티도 하고 큰 선물도 하는 장면을 보기도 하지만 우리에게는 역시 낯선 장면이다. 시간이 지나면서 나라의 사정에 변화가 오면서 생활방식이 많이 서구화되고 있다. 없던 기념일이나, 단어도 생소한 기념일들이 많이 생겼다. 밸런타인데이나 빼빼로 데이·삼겹살데이·파이데이 같은 것이다. 만난 지 1000일, 2000일을 기념하는 사람도 있다. 요즈음은 기념일을 챙겨주는 핸드폰 앱도 있다. 마음만 먹는다면 일등 아빠요 남편이요 자식이 될 수 있다. 어플이 기념일을 잘 알려주니까.

27번째 결혼기념일이다. 저녁은 떡볶이집에서 먹고 그 앞에서 작은 케이크를 샀다. 옆으로 돌아가면 새로 생긴 꽃집이 있어서 사루비아를 두 개 샀다. 열매를 달고 있는 화분도 있었는데 아주 고가였다. 무화과나 레몬을 달고 있는 것은 20만 원대였다. 올해도 잊지 않고 챙겼다. 결혼기념일만큼 금세 지나가는 날도 없을 것이다. 우리 집 같은 경우는 생일날은 일주일 전부터 준비하지만, 결혼기념일은 그날뿐이다.

그곳을 나와서 집으로 간 뒤에 옷을 바꿔입고 아내와 운동을 나갔다. 평소에는 한 번도 뛰지 않던 아내가 달리기 시작했다. 나는 아내가 달리는 것을 27년 만에 처음 봤다. 한 번도 달린 적이 없는 사람이 어떻게 달릴 수가 있나? 나는 의아해했다. 아이들 유치원과 초등학교 때 부모 달리기가 있으면 내가 달렸다. 부모 이어달리기나 2인 삼각 경기도 내가 나갔다. 그러나 지금 아내는 달리는 것이 분명했다. 막 달리더니 지쳐 보이는 나에게 지치면 쉬면서 오라고 하면서 혼자 막 달려나갔다. 나는 지치는 것도 같고 아니면 아내가 달리는 장면이 황당하기도 해서 달리다가 멈추었다. 그리고 천천히 걸었다.

가족의 기념일은 잘 챙기는 편이다. 특히 결혼기념일은 수수하게 지낸다. 작은 꽃을 준비하고 저녁 식사를 하고 케이크의 촛불을 분다. 그리고 인증사진을 남긴다. 이것이 다. 선물은 미리 한다. 몇 개월 전에 아내가 의자를 사고 싶은데 결혼기념일 선물로 미리 사자고 했다. 집에 있는 식탁이나 의자나 침대는 결혼기념일 선물이다. 결혼기념일 당일에는 따로 선물하지는 않았다. 28회 결혼기념일부터는 따로 선물할 예정이다. 원래 10년 전 정도만 해도 꽃 선물도 하지 않았다. 아내가 별로 원하지 않는 것 같아서였다. 어느 날 아내 친구가 남편에게 큰 꽃다발을 선물 받는 것을 보고 너무 부러워해서 그때부터 꽃다발 선물을 하고 있다.

아이들에게 특별히 이야기는 따로 하지 않는다. 이상한 것은 결혼기념일에 좋지 않은 일이 간혹 생긴다는 거다. 아이들이 다친다거나 누가 아프다거나 싸운다거나 하는 일이 발생한다. 이런 말을 한 적도 있다. "오늘 엄마 아빠 결혼기념일인데 좀 조용히 지나갈 수 없을까?" 마치 머피의 법칙처럼 꼬리에 꼬리를 무는 좋지 않은 소식이 당도한다.

아내는 특별히 따로 운동하지 않는다. 동네 한 바퀴 도는 것조차도 잘 하지를 않는다. 원래는 요가를 좀 하고 줌바 댄스를 했다. 스트레칭은 매일 한다. 나와 같이 출근해서 온종일 일을 하다가 퇴근하므로 그것만으로도 운동이 충분하다고 한다. 따로 시간을 내서 운동할 필요가 없다고 한다. 운동하는 시간에 내일을 위해서 쉬는 것이 낫다고 한다. 우리 부부는 일을 같이 한다. 24시간을 같은 공간에서 있다. 장도 같이 보는 경우가 많다. 어떨 때는 오누이 같기도 하고 어떨 때는 직장의 원장과 직원이기도 하다. 또 어떨 때는 부녀같이 보이기도 한다. 40대 때는 내가 동문

회니 운동하는 모임이 있어, 회식하고 오는 날이 있었다. 50대가 되니 나는 주로 집에 있고 아내가 어쩌다 친목회를 다녀오는 날이 있다. 내가 직장 일로 회식을 할 때는 당연한 일로 생각했었다. 남편은 나가서 회식하고 여자는 집을 지키는 것이 당연하다고 생각했다. 50대에 아내가 나가고 혼자 집에 있어 보니 당연한 일은 아니었다. 혼자 집에 남아 라면을 끓여 먹을 때는 약간의 허전함 같은 것이 몰려왔다. 더 나이가 들으면 둘 다 밖에 나가지 못하는 시기가 올지도 모른다.

우리 부부는 하늘의 별을 자주 보는 편이다. 동네에 천문대가 있기 때문이기도 하다. 서산이 자랑하는 천문학자인 유방택을 기리는 천문대가 집 근처에 있다. 그곳에 밤 9시경에 아내와 같이 가서 망원경으로 하늘을 보면 깜짝 놀랄 만한 광경이 하늘에 펼쳐져 있다. 실제 눈으로는 목성의 위성이 보이지 않지만, 망원경으로 보면 마치 보석처럼 목성의 위성이 보인다. 토성의 고리도 마찬가지다. 맨눈으로는 보이지 않는 예쁜 고리를 토성은 가지고 있다. 망원경으로 보면 신비한 고리가 토성을 감고 있다. 하나의 별처럼 보이는 것들이 별이 모여있는 성단인 경우도 있다.

올해는 목성이 유난히 빛나는 해였다. 이렇게 목성이 지구에 근접하는 주기가 거의 60년에 한 번이라고 한다. 아내와 길을 걷다가 하늘을 보면서 달 옆의 목성을 알려주기도 했다. 때로는 토성과 목성이 근거리에 있을 때도 있다. 토성과 목성이 한자리에 같이 보이면 사랑하는 연인이 만나는 모습 같다. 달이 목성을 품고 있는 모습은 엄마가 사랑하는 아들을 손을 잡고 가는 모습이다. 하늘의 별은 보면 볼수록 신비스럽다.

화성의 모습은 무섭다. 그 붉은 모습은 우리를 빤히 쳐다보고 있다. 화성은 두 개의 위성을 거느리고 있다. 아름다운 푸른 모습의 지구를 가장 근거리에서 지켜주는 경호원 같다.

우리 가족은 어두운 밤에 태안의 몽산포 솔숲 바닷가에서, 강원도 횡성의 태기산에서, 서산의 예천동에서 하늘을 쳐다보며 별을 바라보고 그 장관과 무한대한 우주의 신비를 가슴 깊이 담기도 한다.

우리가 어렸을 때는 이러한 여유를 가지지는 못했지만, 나름대로 가난에서 꽃피는 사랑이 있었다. 화장실도 재래식이었고, 케이크나 바나나는 먹을 수도 없었고 구하기도 어려웠다. 그때는 그런 시절이었다. 지금 있는 것이 그때는 없었다. 그렇다고 불행하지는 않았다. 왜냐하면, 그때나 지금이나 나에게는 우리에게는 가족이 있기 때문이다. 가족이라 쓰고 사랑이라 말하고 싶다. 나는 나 혼자가 아니었다.

하늘의 별에는 오래전에 돌아가신 아버지와 할머니가 계신 곳이기도 하다. 나를 지켜봐 주시고 대견하다 칭찬해주시고 있는 곳이기도 하다.

27주년 결혼기념일 꽃을 샀고, 떡볶이를 먹었고, 동네를 한 바퀴 돌면서 하늘의 목성을 보았고, 케이크 촛불을 불면서 사진을 찍었다. 더없이 행복한 날이었다.

초보자에게 주는 조언

시작하라. 다시 또다시 시작하라.
모든 것을 한 입씩 물어뜯어 보라.
또 가끔 도보 여행을 떠나라.
자신에게 휘파람 부는 법을 가르치라. 거짓말도 배우고.
나이를 먹을수록 사람들은 너 자신의 이야기를
듣고 싶어 할 것이다. 그 이야기를 만들라.

― 엘런 코트, 「초보자에게 주는 조언」 Advice to Beginners 중에서

아내와 렌터카를 탔다

지금 타고 있는 차는 7년 정도 타고 있다. 그러다 보니 이곳저곳이 고장 나거나 흠집이 생겼고 차의 범퍼가 찌그러지고 움푹 파인 곳이 있었다. 5월에 간월도에 갔을 때 식당에 주차하려다가 돌출된 바위에 범퍼가 찌그러졌다. 며칠은 다니는 데 문제가 없었지만 날이 갈수록 차가 덜컹거리고 소리가 났다. 앞범퍼의 약간 벌어진 틈에서 바퀴와 마찰되면서 소리가 나고 있었다.

깨진 유리창의 법칙이 있다. 깨진 유리창을 내버려 두면 더 큰 일이 발생한다는 이론이다. 차의 범퍼가 고장이 나면 빨리 고쳐야 한다. 내버려 두면 다른 부품까지 모두 망가지게 된다.

그냥 두고 볼 수 없어 아내와 함께 근처 수리점으로 갔다. 아내도 고치는 것을 동의했다. 차를 맡기면 고치는 동안 탈 차가 없었다. 다행히 수리점에서 차를 한 대 빌려줬다. 핸들도 더 높았고, 시동이 잘 걸리지 않았다. 키를 꽂은 후에 몇 번 돌려야만 시동이 걸렸다. 그나마 시동이 걸려서 다행이었지만 시동이 걸리지 않을 것 같은 불길한 예감이 들었다. 익숙하지 않은 차였고 우리 차보다 작고 오래된 차였다. 그나마 그 수리점에서는 가장 큰 차였다.

서산에서 아산 아이의 학교까지 차를 몰고 가야 한다. 거리도 50㎞ 정도 되는 거리였다. 우리 차로는 항상 다니던 길이었지만, 익숙하지 않은 차를 몰고 가기에는 긴장이 된다. 그래도 다 같은 차라고 생각하며 가기로 했다. 아이에게 전달할 물건이 있었다. 노트북 충전기가 없어서 집에 있는 것을 가져다주어야 했다. 식사를 엄마 아빠와 같이 하고 싶어 했다. 차가 고장이 났다고 못 간다고 해서는 안 되는 일이었다.

그래도 우리는 여행이라 생각하고 가기로 했다. 차만 문제가 생기지 않는다면 2시간 정도 운전하고 가는 길이니 천천히 간다면 여행길이 될 것이다.

새로 빌린 차는 익숙하지 않았다. 차의 문 열림이나 연료 주입구 열기나 에어컨 틀기나 내비게이션 길도우미 설치까지 뭐 하나 익숙한 것이 없었다. 평소에 사고 한 번 나지 않다가도 더 조심하려고 하다 보면 사고를 날지도 모를 일이었다. 손에 힘이 더 가고 발이 더 긴장됐다. 긴장하기는 옆에 타고 있는 아내도 마찬가지였다. 차 안에서 커피 마시는 것을 즐기는 아내에게 내가 렌터카 직원에게 들은 말을 전달해 주었다.

"차 안에다가 뭐 흘리면 청소비를 변상해야 한대."
"그럼 뭐 안 흘리면 되지"라고 하면서 빨대 꽂은 뜨거운 아메리카노를 손에 들고 차에 탔다.

아내는 나만큼 긴장하지 않는 것 같다. 만약 아내까지 나만큼 긴장했다면 이 여행은 하지 못했을지도 모른다.

아내는 항상 큰일에는 담대하다. 작은 일에는 벌벌 떨지만 말이다. 내가 어떤 일에 바짝 겁나서 있을 때도 괜찮다고 하면서 느긋하게 행동하곤 했다. 그런 아내에게 나는 믿음이 간다. 내가 겁낼 때 아내까지 부들부들 떨면서 불안해한다면 어떻게 되겠는가.

액셀을 밟으면 한 번에 나가지 않았다. 윙윙거리면서 뜸을 들이다가 슬쩍 앞으로 갔다. 나같이 운전을 매끄럽게 하지 못하는 사람에게는 나쁜 것만은 아니다. 급발진이 무서운 것인데 천천히 가서 좋았다.

곡에 같은 운전을 하고 아산까지 갔다. 아이를 만나고 무사히 식사를 마쳤다. 집으로 가다가 셀프 주유소에 들어갔다. 연료 주입구의 뚜껑을 열어보았다. 좌측 문 여는 곳에 스위치가 있어서 열면 '통' 하고 열려야 정상인데 열리지 않았다. 아내에게 나와서 좀 해보라고 했다. 아내도 낑낑거리기만 했지 도무지 열지 못했다. 같이 핸드폰 검색을 찾아보자고 했다. 아내는 검색하더니 앞에 운전석 근처에 잡아당기는 것이 있다고 하며 찾으려 했다. 찾아보았지만 잡아당기는 것은 없었다. 결국 주유를 포기하고 집으로 와서 자세히 보니 연료 주입구가 열리지 않으면 트렁크 안에 잡아당기는 손잡이가 있으니 그것을 잡아당기라고 되어있었다.

국도를 달리다가도 갑자기 시동이 꺼지는 사태가 발생했다. 부릉부릉하더니 '휘' 하는 소리와 함께 시동이 꺼져서 겨우 갓길에 세웠다. 만약 시동이 걸리지 않으면 레커차를 불러서 끌고 가야 할 형편이었다. 그러나 차의 시동이 다시 걸려서 집까지 올 수 있었다.

아내와 같이 가서 무서움이 덜했다. 처음 타는 차를 가지고 먼 거리를 무사히 다녀올 수 있었다. 재미있는 여행이기도 했다. 기억에 오래 남을 것이다. 차는 다음 날 저녁 내 차가 다 고쳐졌다고 해서 반납했다. 내 차가 새 차가 되어있었다. 아내도 감지덕지하며 그동안 우리 차가 이렇게 좋은 줄 몰랐는데 이틀 만에 다시 타니 그렇게 좋을 수가 없다고 한다. 2014년식 차였고 우리는 그 이름을 복탱이라 지어주었다. 차를 구매한 이후 한 번도 사고는 없었다. 우리 아이들을 안전하게 보호해주었고 삶의 일부가 되어 있는 차다. 조심스럽게 운전해서 아껴 탈 것이다. 도로에 표시되어있는 속도가 30이면 30에 맞추고 60이면 60에 맞출 것이다. 빨리 가려고 서두르지 않고 늦는다고 투덜대지 않을 것이다.

사람에게는 누구에게나 속도가 있고 때가 있다. 그 속도를 지켜서 살아간다면 삶이 그렇게 힘들거나 어렵지 않을 것이다. 자기 속도에 맞추어서 살아가면 된다. 다른 도로의 차에 신경을 쓸 필요가 없다. 나에게는 나에게 맞는 속도가 있기 때문이다. 늦게 가는 차를 탔다면 느리게 가면 된다. 그리고 경치를 보면서 즐기면 된다. 차 안에서 노래도 듣고 이야기도 하며 갈 수 있다.

누구나 때가 다르다. 성경의 잠언서 3장의 말씀에도 '날 때가 있고 죽을 때가 있으며 심을 때가 있고 심은 것을 뽑을 때가 있으며'라는 말이 나온다. 개나리가 피는 때가 다르고 코스모스가 피는 때가 다르다. 사람은 다 다르다. 빠르다고 좋아할 것도 느리다고 슬퍼할 일도 아니다. 누구나 다 때가 다르다. 남보다 느린 때라면 그건 더 큰 일을 우리에게 부여해주시는 하나님의 뜻일 것이다. 그러므로 감사하며 기다리면 된다.

혼자 걷지 않을 거예요
예람워십, 복음송가

그대 폭풍 속을 걷고 있을 때
비바람을 마주해야 할 때

불빛조차 보이지 않아도

그대 혼자 걷지 않을 거예요

두려움 앞에서 하늘을 보아요

외로운 그대여 걱정 마요

꿈꾸는 그 길을 또 걷고 걸어요

그대 혼자 걷지 않을 거예요

단순함의 소중함

　어떤 대범한 여자 탤런트의 남편은 치과의사인데, 무언가를 엄청나게 사들인다. 집으로 배달되어오는 택배 상자가 현관 앞에 수북이 쌓여있다. 그렇다고 엄청난 물건을 산 것은 아니었다. 집에서 쓰는 휴지나 샴푸, 음료수, 물, 치약 같은 생활에 꼭 필요한 것들만 샀다. 내가 보기에 그 남편은 아주 착한 사람이었다. 씀씀이가 큰 사람은 보통 그런 것을 사지 않고 골프채를 사들이거나 취미 생활에 필요한 자전거나 오토바이 같은 고가의 물건을 사는 사람도 있다. 어떤 집에 가면 자전거가 몇 대씩 천장에 매달려 있는 집도 있다.

　결혼 생활을 하는 남편은 그렇게 두 부류로 나눌 수가 있다. 소심한 남편과 대범한 남편으로 말이다. 나는 대범하기보다는 소심한 남편 축에 속한다. 객관적으로 봐도 그렇고 주관적으로 봐도 소심한 쪽이다. 원래는 대범한 남편이 되고 싶었다. 돈도 엄청 많이 벌어서 엄청 비싼 것을 마음대로 살 수 있는 사람이 될 수도 있었을 것이다. 하지만 나 같은 경우는 천성 자체가 그렇지 못하다. 사람이 어울리는 것도 그렇게 같은 부류끼리 어울린다. 그건 나의 선택이었다. 소심한 쪽으로 선택했고 그 삶에 만족하고 살고 있다.

소심한 남편에게는 대범한 부인이 있기 마련이다. 만약 대범한 남편이라면 여자는 소심한 여자일 것이다. 물론 예외도 있기 마련이다. 대범한 내외끼리 사는 사람도 있고 소심한 부부끼리 사는 사람도 있다. 우리 부부는 아마도 소심한 부부끼리 사는 부류에 속할 것이다. 나 같은 경우는 어린 시절부터 모으던 우표가 있으며 지금도 조금씩 모으고 있다. 영화 DVD title도 모은 적이 있다. 아기자기한 우표의 도안을 보노라면 마음이 차분해진다. 영화 비디오나 디브디를 모으는 건 어린 시절 아버지와 같이 보았던 '주말의 명화' 영향을 받았을 것이다.

그 당시에는 영화 비디오라면 인터넷이나 대여점에 가서 사 모았었다. 가격도 적지 않았다. 지금은 영화를 보고 싶으면 넷플릭스나 애플 티비 등에서 마음대로 고화질 영화를 감상할 수 있으니 당연히 DVD title은 처치 곤란할 수밖에 없다. 창고에 넣어놓고 보지는 않는다. 예전의 DVD는 지금의 영화에 비해서 화질이나 음질이 많이 떨어진다. 그 당시에는 아주 잘 보던 영화였다.

40대 때는 검도를 열심히 했다. 생활체육으로 스포츠 하나를 체득하기 위해서 매일매일 수련했다. 어린 시절 우리 동네에는 합기도 도장과 태권도 도장이 많이 있었다. 합기도를 하고 태권도를 배웠지만, 유단자까지는 하지 못했다. 그 도장의 유단자가 되어 자랑스럽게 도복이 걸려 있는 모습을 상상하곤 했었다. 새벽 5시에 눈도 뜨지 않은 아들 두 명을 깨워서 검도 도장의 봉고차를 타고 가서 운동을 했다. 40대 초반에서 50대 초반까지 운동을 했다. 4단을 따기 위해서 서산에서 천안까지 토요일 진료를 마치고 가서 시험을 보아야 했다. 좋은 추억이었다. 서울에서 전국 사회인검도대회가 있는 날이면 식구 다 같이 가서 응원도 하고 시합을 같이 보았다.

지금도 열심히 하면 좋겠지만 그렇게 하지 못하고 있다. 언젠가 할 거라는 기대만을 가지고 물건을 버리지 못하고 있다. 다 부질없는 일이라는 것을 안다. 하지만 아직은 버릴 마음이 없다. 검도에 딸린 물건들이 많다. 검은색 흰색 도복이 있고 두꺼운 도복 얇은 도복이 있다. 수련을 열심히 할수록 도복은 바로 사야만 했다. 죽도와 목검이 쌓여있다. 처음 시작할 때는 죽도도 1년 동안 한 번도 바꾸지 않았으나 수련 기간이 길어질수록 죽도도 거의 한 달에 하나꼴로 사용했다. 죽도 통에 다발로 쌓여 있다. 호구와 호면 면수건과 호구 넣는 가방은 너무 꼭꼭 숨겨놓아 어디 있는지도 모른다.

봉직의를 할 때는 골프를 치기도 했다. 골프도 용품이 많은 종목이다. 골프채도 시간이 지나면 바꾸어주어야 한다. 그러다 보니 골프가방과 골프채도 창고의 자리를 차지하고 있다. 지금도 골프를 치고 있다면 아내 보기가 미안하지 않을 것이다. 지금은 골프를 하지 않고 있어서 채와 가방과 모자와 골프 운동화만이 썰렁하게 자리를 차지하고 있다. 버릴 것은 다 버리고 고르고 골랐지만, 아직도 버리지 못한 것이 많다.

다음은 클래식 기타다. 우리 집에는 유독 기타와 관련된 물건들이 많다. 기타도 어린이용과 아들의 전기기타가 있다. 내 기타만 해도 일반 현장이 640㎜인 기타가 있고 탑솔리드 650㎜의 기타가 있다. 보면대 기타 악보 책, 발판, 손톱관리 기구 등이 있다. 현재 기타는 열심히 연습하고 있고 앞으로도 갖춰야 할 물건들이 남아 있다.

아마도 가장 많은 것은 책일 것이다. 책은 꼭 사서 보아야 한다는 지론을 가지고 있다. 사놓으면 언젠가는 보게 되는 것이 책이다. 누군가의 땀과 열정이 담겨있는 것이 책이다. 어니스트 헤밍웨이는 "책은 내 인생의 가장 조용하고 변함없는 친구였다"라고 했다. 영국의 유명한 수필가인 "조지프 애디슨은" 독서는 정신을 위한 운동이다"라고 했다.

전자책을 보기도 하지만 손으로 질감을 만지며 향취를 느끼며

읽어야 한다. 책은 보물이다. 책 자체의 모습도 우리에게 친근감을 준다. 책꽂이에 조용히 자리를 차지하고 늘 말을 걸곤 한다. 한 달에 한 번씩 일정량을 사들이고 있다. 중학교 때는 집안 사정이 어려웠기 때문에 책을 한 권 산다는 것이 어려웠다. 그때를 떠올린다면 지금의 책을 사는 이 모습만으로도 얼마나 행복한지 모른다. 특히 뉴턴이 지은 '프린키피아'나 갈릴레오 갈릴레이의 '대화', 칼세이건의 '코스모스' 같은 책을 보면 황홀경에 빠지게 된다. 이제는 책을 사는 것을 넘어서 이런 책을 쓰고 싶다는 충동에 사로잡혀있다.

어떤 사람은 책은 보는 것이 아니라 수집하는 것이라는 분도 있는데, 그 의견에 일부 공감을 하고 있다. 일부는 계속 정리를 하고 있으며 창고로 가서 보관하고 있다가 폐기 처분을 하고 있다. 모든 것은 시간이 지나면서 낡아지고 닳아진다. 책도 예외는 아니다. 그래도 낡아진 그 순간까지 보관하고 싶다.

이 모든 것을 사들일 때 그때그때는 아니라 하더라도 항상 아내와 상의하고 사는 편이다. 미리 말을 하고 사는 것과 말을 하지 않고 사는 것은 차이가 있다. 아내와 상의를 하지 않은 물건이 도착하면 일단 아내가 놀라게 되니까 미리 말을 해두는 것이 신상에 이롭다. 만약 아이들의 물건과 내 물건과 아내의 물건이 상의 없이 샀다가 동시에 택배가 도착해서 집 앞에 쌓여있다면 아내는 분명히 정신적 혼란이 올 것이다. 그런 일을 만들 필요가 없다.

미리 말해서 동의를 구한다면 아무 문제가 없다.

작은 그림을 하나 샀다. 피카소 그림과 고흐 그림이다. 진짜가 아닌 모조품이다. 벽에 걸 수 있도록 모조품을 샀다. 이런 그림도 미리 상의 없이 샀다가 떡하니 도착해 있으면 난감할 것이다. 그림이 도착하기 전에 설명했다. 명화인데 정신적으로 힐링이 될 것 같아 샀노라고 설명했다. 아내의 반응은 싸늘하다.

"난 모르겠다. 사든지 말든지 알아서 해요"

난 이런 대답을 기다린 것은 아니다. 좀 더 친절한 대답을 원했다. 물건을 사면서도 아내에게 좋은 소리를 듣고 싶다. 그래야 나는 나의 작은 취미 생활을 이어 나갈 수가 있다. 아내로서는 그 정도도 많이 봐준 것이다. 집에 싸여있는 물건들을 몰래 버리지 않은 것만으로도 감사할 따름이다.

물건으로 난장판이 되어가는 집, 물건이 넘쳐나는 집, 물건이 자꾸만 쌓여가는 집… 이런 식으로 주거 공간은 황폐해집니다. 집 자체가 병들어가는 거지요. 물건으로 가득 차서 신진대사가 사라진 집은 정말 안쓰럽습니다. 이렇게 신진대사가 사라진 주거 공간은 그 속에서 계속 살아야 하는 사람도 서서히 시들어가게 만듭니다. 집이 병들면 사람도 병들고, 집이 건강하면 사람도 건강해집니다. 사람과 주거 공간이 긴밀히 연결되어 있음을 반드시 깨달아야 합니다.

— 야마시타 히데코, 『소중한 것은 모두 일상 속에 있다』, 이봄

아내는 나와는 다르게 무언가를 사거나 쌓아놓지 않는다. 아내는 보통 집안 살림에 필요한 식탁을 사거나 소파를 살 뿐이다. 잡다한 것을 사지는 않는다. 심플라이프를 추구한다. 다른 집을 방문하면 집에 많은 것이 쌓여있다. 어떤 집은 화분이 많은 집도 있고 또 어떤 집은 벽에 그림이나 장식이 주렁주렁 걸려있는 집도 있다. 하지만 우리 집은 소파와 벽에 걸려있는 텔레비전뿐이다. 단순하기 그지없는 거실이다. 나도 모르는 사이에 복잡다단한 나의 인생도 단순하게 바뀌었다. 모든 것을 내려놓았다고나 해야 할까. 아내에게 이러한 것을 배웠고 서서히 변하는 나의 모습이 좋다. 모두 다 아내 덕분이다.

선택의 기로

 아내는 짬뽕을 좋아한다. 아내는 탕수육을 좋아한다. 아내는 양장피를 좋아한다 등의 문장은 이상하게도 우아한 것과는 거리가 있어 보인다. 대신에 '흔들리는 꽃들 속에서 네 샴푸 향이 느껴진 거야' 이런 문장은 낭만이 느껴지게 한다. 이런 우아하지 않은 속에서도 짬뽕을 언급할 수밖에 없는 이유는 우리가 중국 음식을 좋아하기 때문이다. 아내는 짬뽕을 나는 짜장면을 좋아한다.

 내가 짜장면에 눈을 뜨게 된 시기는 초등학교 6학년 시절이다. 많이 먹어서라기보다는 먹고 싶은데 먹지를 못했기 때문일 것이다. 그 동네 아이들 대부분이 마음껏 자장면을 먹지 못했던 시절 이야기다. 나를 따라다니는 동네 아이들에게 자장면을 배불리 먹이기 위해서 돈을 구해야 했다. 그 당시 뱀을 잡으면 비싸게 사준다는 말을 들었던 것이 있어서 무작정 다리 아래의 냇가로 내려갔다. 대전천 하류 쪽으로 한참을 내려가다가 한 아이가 뱀을 발견하고 "뱀이다"라고 소리를 쳤다. 발견하는 순간 나는 영화 '빠삐용'에서 스티브 맥퀸이 킬로포티에서 총에 맞은 악어를 건져내듯이 뱀을 건져내서 비닐로 감쌌다. 그 뱀을 가지고 대전천의 상류로 2시간가량을 걸어가서 팔았으나 어른 들은 쓸모없는 물뱀이라고 하면서 다시 물가로 던져버렸다. 나와 나를 따르던 아이들 무리는 모두 배가 고픈 채 집으로 흩어져야만 했다. 사람들은 독사가 아니었기 때문에 물려 죽지 않은 것이 다행이라고 했다. 아마 그때쯤부터 짜장면에 집착한 것 같다.

한 달에 한 번 내지는 1주일에 한 번은 꼭 짜장면을 먹는 편이다. 그때마다 아내도 같이 먹게 되는데 아내는 꼭 짬뽕을 먹는다. 이렇듯 우리 내외는 식성이 조금은 같지 않다. 짜장면과 짬뽕의 차이는 그 차이를 보여주는 하나의 예다.

아내는 언제나 자장면이 아닌 짬뽕을 먹는다. 나는 둘 중 하나를 선택하라고 하면 짜장면을 선택한다. 짜장면이라면 평생 먹을 수 있을 정도로 좋아한다. 짬뽕을 싫어하는 것은 아니다. 둘 중의 하나를 고르라면 자장면을 고른다는 거다.

"당신은 짜장면 싫어해?"라고 내가 물어보면, 아내는
"아니 짬뽕이 훨씬 좋아"라고 대답한다.

우리 부부는 외모가 많이 닮았다는 이야기를 듣는다. 하지만 성격이나 습관 등은 전혀 다르다. 그 다름이 삶을 퍽퍽하게 하지 않고 더욱 매끄럽게 해주는 요소라고 생각한다. 어떤 삶이든 정답은 없으므로 닮은 것이 좋다 또는 다른 것이 좋다고 할 수는 없다.

아이들이 학교에 다닐 때의 일이다. 보통은 학교에 다니면서 학원도 다니고 과외를 받는다. 심지어는 다른 나라로 유학을 보내는 사람도 있다. 나는 그런 것을 별로 좋아하지 않는다. 나는 자랄 때 과외나 학원에 다니지 않았다. 학교에서 배우는 수업만으로도 충분하다고 여겼다. 실제 그렇게 하고도 학교 다니는 데 전혀 문제가 없었다. 학교에 다니다가 남는 시간에는 놀았다. 친구들과도 놀고 혼자서도 놀고 산에 가서 놀기도 하고 냇가에서 놀기도 했다. 노는 것도 공부요 하나의 교육과정이라 생각했다. 노는 것을 삶의 중요한 요소라 생각했다. 다행인지 불행인지는 모르겠지만 아내는 절대 그래서는 안 된다고 했다. 아이들도 본인이 원하면 원하는 학원과 과외에 보내야 한다고 했다. 내가 아내를 이길 수 없어 결국 아이들은 아내의 뜻대로 되긴 했다. 만약 아이들이 아내의 말을 듣지 않고 내 말 만을 듣고 학교 가지 않고, 놀기만 했다면 지금 어떻게 하고 있을까.

아들이 카톡에 두부조림을 하는 사진을 올렸다. 두부조림은 쉬운 것 같으면서도 어려운 음식에 속한다. 왜냐하면, 두부를 익히는 불 조절이 아주 중요하기 때문이다. 센 불에 볶으면 두부가 타고 약한 불에 하면 시간이 너무 오래 걸린다. 나는 중불에 오래 뒤적이는 것을 좋아한다. 아들도 그런 사진을 올렸다. 갑자기 메시지가 하나 올라왔다. 아내가 보낸 메시지였다. "핵심은 뭔지 아니? 바로 센 불에 두부를 바짝 굽는 거야" 아니 이게 무슨 소린가. 평소에 내가 그렇게 두부는 중 불에 오래 구워야 담백하고 맛있다고 했건만. 아내는 다른 주장을 펼치고 있었다.

기름을 많이 두르고 센 불에 두부를 구우면 표면이 바삭거리는 건 알고 있지만, 우리 집에서 한 번도 센 불에 복은 적은 없었다. 나는 아내에게 물어보았다.

"당신 갑자기 두부를 센 불에 볶다니 그게 무슨 말이야? 원래 중불에 은근히 볶았잖아!"
아내는 "어제 센 불에 해서 당신 주니까 잘 먹던데, 그래서 이제부터는 센 불에 하기로 했어." 그러는 것이었다.

어제 한 두부조림은 맛이 있긴 있었다. 뭐라고 할 말이 없었다. 그렇다고 인제 와서 두부를 센 불에 하기로 바꾸고 싶지는 않았다. 그리고 아내의 고집을 꺾고 싶지도 않았다. 아내가 요리하는 사람이니까 이래라저래라 할 형편이 아니었다. 나는 비록 요리는 하지 않지만, 항상 중불에 볶은 두부조림을 선호한다. 그것은 변하고 싶지 않다.

우리는 늘 이런 대화하며 지내고 있다. 이런 취향은 그래도 귀엽게 봐줄 만하다. 음식의 선호는 누구나 다를 수가 있으니까. 서로 다른 의견으로 다투는 일도 있다.

직원 중의 한 명은 나와 음식에 대한 취향도 같고 체격도 비슷해서 사람들이 동생이라고 착각하는 사람이 있다. 성격이 비슷하다고 해서 같이 살 수 있는 것은 아니고 행복한 것도 아니다. 오히려 아내와는 여러 가지가 상극을 이루지만 살아가는 데는 전혀 문제가 없다. 그래서 누구나 다 짝이 있다고 하나 보다.

내가 주장하는 것을 내세우지 않고 아내가 원하는 바를 이룰 수 있도록 하면 된다. 결혼 초에는 무엇을 하든지 내가 하자는 대로 했었다. 그러다가 아이들이 점점 성장해 가면서는 아내가 하자는 대로 할 수밖에 없었다. 지금은 무조건 아내가 하자는 대로 한다.

식당을 갈 때도 아내에게 먼저 의향을 물어보고 여행을 갈 때도 아내와 상의를 먼저 한 뒤에 잡아야 한다. 만약 내 뜻대로 나의 주장대로만 한다면 재미가 없을 것이다. 여행을 가도 나는 험난하고 어려운 코스를 골라 가기를 좋아한다. 비록 상처를 입을지라도 이왕 갈 거라면 어렵게 가는 것이 더 재미있을 것 같다. 하지만 아내는 그런 모험은 절대로 하지 않는다. 결국, 아내의 말을 들으면 편한 길을 선택해서 다녀오게 되고, 나 자신도 만족하고 아내의 말을 들은 것에 대하여 참 다행이라고 여기게 된다.

다르든지 틀리든지 먼 우주에서 하나님이 보는 인간의 특징은 모두 아름답고 행복한 모습을 구연하고 있음이 분명하다. 하나님이 우리를 모두 사랑으로 바라보고 계시기 때문이다.

나사의 자문위원이었던 칼 세이건은 명왕성을 지나고 있는 보이저 1호의 카메라를 돌려 지구를 찍어보자고 제안했다. 물론 나사 측에서는 반대했다. 애초에 계획에 없던 일이며, 자칫하여 태양을 바라보게 되면 카메라에 손상을 주기 때문이었다. 하지만 9년이란 시간이 지난 뒤, 새로 부임한 신임 국장 리처드 트롤리는 고민 끝에 보이저 1호로 사진을 찍을 것을 승인했다.

1AU(지구에서 태양 간의 거리=약 149,600,000km)의 40배나 되는 60억 km가 떨어진 보이저 1호에서 사진을 찍었다. 보이저 1호의 카메라를 걸고 찍은 결과물은 겨우 저 희미한 먼지 한 톨이지만, 칼 세이건은 이 사진을 보고 감탄을 금치 못했다. 칼 세이건은 저 초라한 지구의 사진을 보고 다음과 같은 명언을 남긴다.

"이렇게 멀리 떨어져서 보면 지구는 특별해 보이지 않습니다. 하지만 우리 인류에게는 다릅니다. 저 점을 다시 생각해보십시오. 저 점이 우리가 있는 이곳입니다. 저곳이 우리의 집이자, 우리 자신입니다. 여러분이 사랑하는, 당신이 아는, 당신이 들어본, 그리고 세상에 존재했던 모든 사람이 바로 저 점 위에서 일생을 살았습니다.

우주라는 광대한 스타디움에서 지구는 아주 작은 무대에 불과합니다. 인류역사 속의 무수한 장군과 황제들이 저 작은 점의 극히 일부를, 그것도 아주 잠깐 동안 차지하는 영광과 승리를 누리기 위해 죽였던 사람들이 흘린 피의 강물을 한 번 생각해보십시오. (중략)

천문학을 공부하면 겸손해지고, 인격이 형성된다고 합니다. 인류가 느끼는 자만이 얼마나 어리석은 것인지를 가장 잘 보여주는 것이 바로 우리가 사는 세상을 멀리서 보여주는 이 사진입니다. 제게 이 사진은 우리가 서로를 더 배려해야 하고, 우리가 아는 유일한 삶의 터전인 저 창백한 푸른 점을 아끼고 보존해야 한다는 책임감에 대한 강조입니다.

신발 정리

어머니께서는 항상 자녀들을 위하여 기도하셨다. 아마도 어머니 삶 자체가 기도의 삶이라고 해도 과언이 아닐 것이다. 내가 아파도 기도를 했고 내가 말썽을 부리고 들어와도 어머니께서는 기도하셨다. 잘못했다 하지 않으셨고 나무라지 않으셨다. 그리고 다 잘될 거라고 걱정하지 말라고 했다. 내가 목이 아프고 열이 나는 때에도 새벽기도를 다녀오다가 내 방문을 열고 들어와서 머리에다가 손을 얹고 기도를 해주셨다. 배가 아프고 토해도 어머니께서는 배에다 손을 얹으시고 기도를 해주셨다. 내가 무엇을 하든지 어머니께서 기도하고 있다고 생각하면 마음이 든든했다. 항상 어머니의 기도 소리가 귓가에서 맴돌고 있다.

나도 어떤 일이든지 기도한다. 수술하기 전에 기도하고 수술을 마치고 기도를 한다. 모든 의사가 모든 병을 고칠 수 있는 것은 아니다. 내가 고칠 수 있는 병은 최선을 다해서 치료할 수 있도록 도와달라고 기도하고 내가 고칠 수 없는 병은 고칠 수 있는 분에게 잘 갈 수 있도록 기도를 드린다. 아이들이 시험을 보거나 몸이 아플 때도 나는 기도를 드린다.

요즈음은 환자를 최선을 다해서 치료하려고 해도, 모두 만족을 하고 진료실을 나가는 것은 아니다. 기분이 나빠서 가는 사람도 있고 화를 내면서 나가는 사람도 있다. 아무리 열심히 진료해도 말이다. 토요일 오전 30대로 보이는 아버지가 5살 아들의 보호자로 왔다. 아이는 뛰다가 넘어지면서 무릎 부위의 찰과상으로 내원했고, 꿰매거나 하지 않고 잘 치료만 하면 며칠 내에 나을 것 같았다. 아이의 아버지는 치료하는 데 며칠 정도 걸릴 것 같냐고 했고 나는 1주일 정도 걸릴 것이지만 상황에 따라서는 2주나 3주가 소요될 수도 있다고 대답했다. 그런 이야기를 하고 있는데 아이의 아빠가 갑자기 화를 내면서 말을 이랬다저랬다 하느냐고 했다. 그러면서 치료하고 있는 아이를 데리고 바로 나가버리는 것이었다.

대기실을 지나쳐가면서 뭔 의사가 말을 엉터리로 하냐며 크게 소리를 지르면서 나갔다. 워낙 순식간에 일어난 일이기 때문에 뭐가 잘못된 일인지, 어떻게 설명을 해야 하는지 아니면 다시 설명해야 하는지 나로서는 준비가 되어있지 않았다. 젊은 사람이 무작정 화를 내고 나가면 나도 화가 나지만 무작정 같이 화를 내며 싸울 수도 없다. 참으면서 기도를 하는 수밖에는 없다.

보호자가 화난 이유는 정확히 알지 못한다. 정말 내가 말실수를 해서 그럴 수도 있고, 아이가 다쳐서 마음이 아파서 그럴 수도 있고 토요일 모두 쉬는데 쉬지 못하고 병원에 나와서 그럴 수도 있다. 그 어떤 이유라도 그 보호자의 기분에 나의 태도까지 덩달아 흥분을 해서는 안 된다. 잘 참아냈다. 나 자신도 대견하다는 생각이 들었다. 나이가 들면 그런 행동들에 대하여 면역이 될 줄 알았다. 하지만 면역이 되는 것이 아니었다. 더 잘 참아내고 더 많이 기도하고 더 많이 견디는 것이었다.

새벽 4시에 카톡이 울렸다. 흔치 않은 일이다. 너무 졸린 눈으로 보니 둘째의 문자였다. 그때는 왜 새벽에 그런 문자를 올렸는지 몰랐다. 아침에 일어나서 문자를 다시 보니 아주 중요한 문자였다. 유명한 교수님이 둘째에게 문자를 보낸 것이었다. 내용은 팀을 꾸려서 합주하려고 하는데 할 수 있냐고 하는 것이었다. 둘째가 항상 같이하고 싶어 했던 그런 팀의 연주였다. 그러니 둘째가 얼마나 기분이 좋고 흥분이 되었으면 그 새벽에 문자를 올렸겠는가. 우리 식구 모두 덩달아 기분이 아주 좋아졌다. 둘째가 이렇게 기뻐하는 모습은 처음이다. 참아야 할 일을 참아내니 하나님이 기분 좋은 선물도 주신다.

아내는 요즈음 매일 밤 예배를 드리고 기도를 하고 있다. 최근에 아내는 둘째 아들을 위하여 좋은 사람들과 연주 할 수 있게 해 달라고 기도를 했다고 한다. 그 기도가 이루어진 것이라고 너무 좋아한다. 큰아들을 위해서 좋은 친구와 좋은 아르바이트 자리를 달라고 기도했는데 그것도 이루어졌다고 한다. 아내에게 나를 위해서 엄청 좋은 책을 쓸 수 있도록 하는 능력과 기도를 해달라고 했더니 아내는 그런 요행을 바라는 기도는 절대로 하지 않겠다고 했다. 일단 책을 많이 읽고 글을 많이 쓴다면 언젠가는 좋은 책이 나올 것이라고 했다. 그리고 아내는 나의 건강을 위하여 기도하고 있다고 했다. 어머니의 기도처럼 아내의 기도가 내 마음과 내 손과 내 발걸음과 항상 함께하고 있음을 느끼고 있다.

그리고 아내는 더욱 박차를 가해서 기도할 거라고 했다. 자녀들을 위한 기도가 대부분이다. 아내는 아이들만 잘되면 소망이 없는 사람이니까. 모든 식구를 위하여 기도하는 아내를 위하여 기도할 사람이 있어야 한다. 나는 그런 아내만을 위하여 간절히 기도할 것이다. 아내가 건강하고 아내가 기뻐하면 그것으로 만족한다. 나의 소망은 아내와 같이 오래오래 잘 사는 거니까.

 잠을 자고 일어나서 이불을 정리하는 사람이 되게 하소서.
 종량제 봉투의 쓰레기와 재활용품을 버리는 사람이 되게 하소서.
 빨래하고 나면 건조된 빨래를 정리할 수 있는 사람이 되게 하소서.
 나의 서재와 책꽂이를 정리하고 정돈할 수 있게 하소서.
 입지 않는 옷, 보지 않는 책, 신지 않는 신을 버릴 수 있게 하소서.

퇴근 후에 입었던 옷도 옷걸이에 걸어놓을 수 있는 사람이 되게 하소서.

거실이나 방바닥에 나의 몸에서 나오는 많은 이물이 떨어지니 바닥을 항상 살피도록 하소서.

출근할 때 아내의 신을 가지런히 하게 하소서.

나침반 편집부에서 낸 '아내를 위한 무릎 기도문'이라는 책에는 다음과 같은 기도가 실려있다.

아내를 끝까지 지켜 주는 남편 되게 하소서
아내에 대한 사랑이 늘 새롭게 하소서
아내에게 말로 상처 주지 않게 하소서
아내를 있는 그대로 인정하는 남편 되게 하소서
아내의 소중함을 알게 하소서

또한 남편이 지켜야 할 십계명이 있다.

결혼 전과 신혼 초에 보였던 관심과 사랑을 지켜라.
아내의 생일, 결혼기념일은 반드시 기억하라.
평상시 아내의 외모와 의상에 관심을 가져라.

예지력과 사랑

나에게는 35년 전에 돌아가신 할머니가 계신다. 할머니께서는 밀양박씨였다. 교회를 다니지는 않으셨지만, 항상 두 손을 모아 물을 한 잔 떠놓고 기도하시던 모습이 생생하다. 나를 앉혀놓고 옛날이야기도 많이 해주시던 할머니다. 할머니께서는 항상 나를 보면 "원상이는 좋은 날 좋은 시간 좋은 해에 태어나서 앞으로 훌륭하게 될 거야"라고 해주셨다. 나는 항상 어려움이 있어도 할머니의 말씀이 마음 한구석에 자리를 잡고 있었다. 나는 잘 될 사람이니까 지금 아무리 어려운 일이 있어도 이것은 고난이자 시련일 뿐 나를 막지는 못할 거라는 마음이 있었다.

프랑스 사람 노스트라다무스는 1503년에 태어난 의사, 작가, 번역가, 점성술사이며, 프랑스 국왕 앙리 2세의 정책 자문가로 활동 한 사람이다. 우리에게는 1999년 9월 9일 세상이 멸망할 것이라는 예언으로 유명하게 알려져 있다. 하지만 노스트라다무스는 예언가 이전에 의사이기도 했다. 1520년 흑사병이 돌아 대학이 휴교하자, 8년간 프랑스 전역을 방랑하며 견문을 넓히고 학문을 다듬었다고 한다. 1남 1녀가 있었으나 흑사병 환자를 치료해주고 돌아왔을 때 아내와 자식들이 흑사병에 걸려 사망하는 비극을 겪기도 한 사람이다. 1546년 남부 프랑스에 흑사병이 퍼졌을 때 새로운 치료법으로 흑사병을 치료하는 데 공헌했다고 한다. 예언가 이전에 병과 고통에 신음하는 병자에 대한 연민과 사랑이 가득했던 사람이다.

우리나라 조선 시대인 1517년에 토정 이지함이라는 분이 있었다. 생애 대부분을 마포 강변의 흙담 움막집에서 청빈하게 지내 토정이라는 호가 붙기도 했다. 선조 때 뛰어난 행실로 벼슬에 올라 포천 현감을 거쳐 아산 현감을 지냈다고 한다. 그가 포천 현감으로 부임하자 올린 혁신적인 상소가 완고한 유교 이념 주의자들에 의해 받아들여지지 않자 이듬해인 1574년 8월 사직했다고 한다. 토정 이지함의 사회경제사상은 포천 현감을 사직하는 상소문 등에 피력되어있는데, 농업과 상업의 상호 보완관계를 강조하고 광산개발론과 해외 통상론을 주장하는 진보적인 것이었다. 재물에 욕심이 없어, 평생 가난한 생활을 하였고, 항상 베옷과 짚신을 신었다. 의약, 천문 지리, 음양 등에 통달했으며 괴상한 행동과 예언 등의 일화가 많이 있다.

이처럼 토정은 청빈 무욕하게 살았지만 그렇다고 해서 그가 무능하고 무기력한 사람은 결코 아니었다. 사농공상이라고 하여 상인이 가장 천대받던 시대에 그는 이미 상업과 경제의 중요성을 깊이 깨닫고, 본보기 삼아 사업수완을 발휘하여 떼돈을 번 적도 있었다.

토정 이지함이 나라 곳곳을 방랑하며 다니던 젊은 시절에는 방문지의 수령들이 그를 시험해보고자 뛰어난 기생을 시켜 온갖 수단으로 유혹하게 했지만, 색욕까지도 이겨냈다. 바다에서 배를 타는 것을 좋아해 제주도에 자주 갔지만, 바람과 조수의 흐름을 미리 알았기에 한 번도 위험에 빠지지 않았다.

토정 이지함은 아산 현감 시절 갑자기 이질을 앓아 1578년 음력 7월 17일 62세의 일기로 타계했다. 수많은 고을 백성이 길을 메우고 마치 부모상을 당한 듯 애통해했다고 한다.

이렇게 예언가의 일대기와 그들의 심성과 그들의 업적에 관하여 이야기하는 이유가 있다. 우리 집에도 위의 예언가와 비교해도 손색이 없는 분 있으니 나의 아내가 되시겠다. 아내의 예언이 다 맞는 것은 아니지만, 많은 예언을 하는 사람이다. 어쩌면 모든 말이 예언이라고 해도 과언이 아닐 정도다.

아침에 출근하면서 공용 주차장에 주차하고 들어가는데 앞 공터에 건물이 들어서기 시작했다. 어제만 해도 뭘 만들려고 하는 건지 모호했다. 오늘이 되니 더 애매하다. 아내는 지붕으로 봐서는 커피숍이나 카페 자리라고 한다. 내가 봐서는 전혀 그런 것과 거리가 있어 보인다. 보통 집을 짓는 것과는 다르다. 철근을 세우고 콘크리트를 치고 하는 모습이 아니다. 이번에도 무엇을 하는 상점이 들어올지 모른다. 그러나 아내의 예측은 틀림 없었다. 그 자리에는 카페가 들어왔다. 그 작은 자리에 카페가 들어올까 생각했는데 나의 예상을 깨고 카페가 들어왔다.

하지만 그 카페는 2년을 지탱하지 못하고 간판을 내리고 말았다. 아내는 이것도 그 카페의 실내장식이나 간판을 보고 예견한 바였다.

촉 또는 예감이라는 말이 있다. 여자들은 머리가 길어서 예감이 뛰어나다는 말을 어디선가 들은 것도 같다. 특히 아내의 예지 능력은 다른 여자들보다도 뛰어난 것 같다. 옆에서 그런 느낌을 많이 받았다. 아이들도 이구동성으로 엄마의 예지 능력이 대단하다고 한다.

30대 의료원에서 봉직의로 근무한 적이 있다. 과장들도 많고 수술도 많이 했다. 그러면 병동 회식이나 응급실 회식 수술방 회식 자리가 있다. 그런 자리가 일주일에 한 번꼴로 있었다. 1차로 식사를 하고 2차를 가려고 할 때 아내에게 전화가 온다. 집에 일이 있으니 빨리 집으로 들어오라는 전갈이다. 그러면 더 이상 모임 참가는 하지 못하고 사람들에게 집에 일이 있다고 하고 집으로 들어가야 한다. 집에 들어가서 아내에게 어떻게 그렇게 2차 가는 타이밍을 잘 아냐고 물어보면 "예감이 그럴 것 같았어"라고 한다. 그런 일이 자주 있다 보니 회식을 하면 2차를 가지 않은 것은 아니지만 조심스럽게 행동하게 된다.

우리 부부는 포도를 좋아한다. 그래서 포도가 나는 가을을 기다리기도 한다. 가을이 오면 포도밭에 가서 포도를 사 온다. 우리 집에서 1시간 반 이상이 걸리는 보령의 사현 포도, 40분 정도의 거리에 있는 태안의 원북 포도, 1시간 거리에 있는 아산의 탕정 포도를 좋아한다. 한 번 가려면 마음을 먹고 가야 한다. 이곳에 가면 당도가 높고 맛이 좋은 포도를 많이 살 수 있다. 하지만 이 포도는 매년 일정한 맛을 유지하지 못한다. 어떤 해는 맛이 있고 어떤 해는 그렇지 않다. 먼 거리에 있는 포도밭을 그냥 갈 수가 없다. 갔다가 맛이 없으면 허탕을 치는 때도 있다. 이럴 때 아내의 예지력이 발휘된다. 아내가 올해는 포도 작황이 좋을 것 같으니 가자고 하면 가고 올해는 물이 좋지 않아 다음 기회로 하자고 하면 그렇게 하면 된다. 아내의 예감은 틀린 적이 없다.

아내의 예감이 최고로 발휘된 때는 아마도 나를 선택한 때였을 것이다. 그때는 서로가 어린 나이였고 세상을 잘 모르는 때였다. 무엇을 선택하던지 아무리 고심해도 어려울 때가 있다. 특히 나를 선택할 때가 그랬을 것이다. 그래도 나는 아내에게 선택을 받았으며 지금 이렇게 살고 있다. 이것은 아내의 뛰어난 예지력 덕분이라 할 수 있을 것이다. 그래도 아내의 예지력은 지금이나 그때나 변함이 없으며, 그 예지력의 저변에는 사람과 삶에 대한 사랑이 흐르고 있다.

시편 121

내가 산을 향하여 눈을 들리라 나의 도움이 어디서 올꼬

나의 도움이 천지를 지으신 여호와에게서로다

여호와께서 너로 실족지 않게 하시며 너를 지키시는 자가 졸지 아니하시리로다

여호와께서 너를 지켜 모든 환난을 면케 하시며 또 네 영혼을 지키시리로다

여호와께서 너의 출입을 지금부터 영원까지 지키시리로다

오직 통닭만을

퇴근하면서 치킨집에 전화로 주문하면 닭을 튀겨 놓는다. 식당에 들러서 닭을 가지고 오면 된다. 이 통닭집은 우리 동네에서 인기 있는 집이다. 순수한 기름으로 튀겨서 그런지 냄새가 나지 않고 바삭한 맛이 난다. 주차하고 식당에 들어가면 주문으로 미리 쌓아 놓은 봉지들이 여러 개가 놓여 있고 홀에도 사람들이 여러 팀이 앉아서 맥주를 마시면서 통닭을 먹고 있다. 다른 통닭집이 많이 있지만 아내는 서산에서 이 집의 통닭만을 좋아한다.

튀긴 닭을 집에 가지고 와서 먹으려고 봉투를 열어보니 아내가 주문한 닭이 아니었다. 아내는 닭 한 마리가 다리를 쭉 벌리고 있는 그런 닭을 원했다. 그런데 봉투 안에는 미리 주문한 통닭이 들어있지 않고 닭발이 튀김옷을 뒤집어쓰고 있었다. 저녁을 먹지 않은 상태였기 때문에 배가 무척 고픈 상태였다. 아내는 배고픈 것은 잘 참지 못한다. 하지만 지금 이 상황은 무언가 잘못된 것이다. 바로 치킨집에 전화했다. 통닭은 7500원이고 닭발은 11000원인데 더 비싼 음식을 가지고 온 것 같다고. 돈을 더 드려야 할지 전화했더니 식당의 잘못이니 돈은 더 주지 않아도 된다고 했다. 그래서 통닭보다 비싼 닭발을 먹어보기로 했다.

닭발은 우리 큰아들이 아주 잘 먹는다. 우리 큰아들의 닭 뼈를 발라 먹는 수준은 가히 예술이라고 할 수 있다. 통닭을 먹든 닭발을 먹든 한 치의 지저분한 인대나 살이 남아 있지 않고 깨끗하다. 그대로 닭 뼈 표본으로 써도 될 정도다. 나도 닭을 먹을 때는 깨끗이 먹어치우는 큰아들 눈치를 볼 수밖에 없다. 마치 도의 진수를 보여주는 장자의 '포정의 소 잡는 이야기' 같다.

장자 3편 양생주 2장에 나오는 이야기다. 포정(백정)이 왕을 위해 소를 잡는데 손 놀리는 동작은 최상의 춤이었고 쓱쓱 칼질하는 소리는 최고의 음악이었다. 왕이 탄복하며 그 비결을 묻자 포정은 이렇게 대답한다. "제가 귀하게 여기는 것은 기술이 아니라 도(道)입니다. 제가 처음 소를 잡을 때는 온통 소만 보였으나 3년이 지나서 소의 전체 모습은 보이지 않고 지금은 마음으로 소를 대할 뿐 눈으로 보는 법이 없습니다. 감각을 멈추고 마음이 가는 대로 움직입니다. 천리(天理)에 의지하여 큰 틈새에 칼을 찔러 넣고 소의 몸 구조에 맞추어 빈 결을 따라갈 뿐 아직 한 번도 심줄이나 뼈를 건드려 본 적이 없어 제 칼을 19년이나 사용했어도 방금 숫돌에 간 것 같습니다."

위의 글은 원문대로 해석하지 않고 뜻만 살리기 위해 대강의 내용을 요약한 것이다. 포정해우(庖丁解牛)라 불리는 이 글은 도라고 하는 것은 본디 책으로 배울 수 있는 추상적 관념이 아니라 삶을 살며, 인생의 길을 걸으며 몸으로 체득하는 것이라는 의미를 담고 있다.

아내도 닭발을 아주 좋아한다. 평소에도 닭발을 잘 먹는 사람이었다. 이 닭발도 맛있었다. 보통 통닭은 퍽퍽해서 잘 먹지 않는데, 이 닭발 튀김은 퍽퍽하지 않았다. 먹을 만했다. 아내에게 그냥 먹어도 맛있다고 먹으라고 했다.

나는 닭과 관련된 음식을 그렇게 좋아하지 않는다. 그 이유는 어린 시절의 일 때문이다. 초등학교 다니던 때 나는 병을 가지고 있었다. 밤에 자다가 이불에 지도를 그리는 버릇이다. 그 실력으로 피카소가 되었다면 좋았겠지만 안타깝게도 그 병은 부모님의 속만 태우는 것이었다. 겨울에 이불이 젖어서 깨면 추운 윗목에서 오돌거리며 떨어야 했다. 봄이나 날씨가 좋은 아침에는 키를 쓰고 옆집에 가서 소금을 얻어오기도 했다. 그 창피함은 말로 표현할 수 없는 정도다. 당해보지 않은 사람은 모른다. 동생들이 4명이나 되는데 동생들 보기도 미안했다. 어머니와 할머니는 매일 이불 빨래를 해야 했고, 이불에서는 오줌 지린내가 가실 날이 없었다.

그래서 할머니께서는 백방으로 나의 병을 고치려고 알아보았다. 소아과를 가봐도 신통치가 않았다. 결국은 민간요법에 의지했다. 별의별 음식을 다 먹어보았다. 아침마다 은행 다섯 개를 연탄불에 구워서 먹었다. 그때는 엄청 맛이 없었는데 어른이 되어 먹어보니 참 맛있는 음식이었다. 날달걀 두 개씩을 아침마다 먹었다. 그때는 날달걀 두 개를 먹는 것이 한약 먹는 것 같고 비릿하고 좋지 않았는데, 그래도 지금은 다이어트한다고 먹기도 한다. 그중에 먹었던 것이 닭 벼슬이다. 시장에 나가시면 닭벼슬을 얻어오셨다. 아침마다 하나씩 학교 가기 전에 연탄불에 구워주셨다. 맛이 없었다. 먹는 것이 고역이었다. 무맛의 고무를 씹는 느낌이 들어서 별로 유쾌한 맛은 아니었다. 처음에는 토하기도 했다. 하지만 부모님을 더는 고생시켜드리지 않게 하려고 두 눈을 꼭 감고 꿀꺽 삼키고는 했다. 그 이후 닭에 대한 나의 이미지는 좋지 않게 남아 있다. 그렇다고 닭을 먹지 않는다는 것은 아니다.

또 대학생 때는 이런 일도 있었다. 예과 1학년 때 시내에 나가면 훈제 바비큐 치킨이 있었다. 너무너무 맛있는 집이었다. 시원한 맥주와 같이 먹으면 이보다 맛있는 음식은 없는 것 같았다. 그런데 어느 날 그 식당을 가보니 다른 곳으로 이사를 하고 없었다. 초등학생 때 내 마음을 끓었던 어묵집 이후 처음으로 나의 혀를 사로잡은 집이었다. 그 식당이 어디로 이사를 하였는지는 모르겠다. 그 이후로도 그 식당을 찾아보았지만 찾을 수 없었다. 또한, 그 식당보다 맛있는 닭집을 찾지 못했다.

예과 2학년 때는 이런 일이 있었다. 비교해부학을 하고 나면 닭뼈를 가지런히 맞추고 접착제로 붙이고 그 아래에다 뼈의 이름을 쓰는 수업이 있었다. 한 명이 하는 것이 아니라 4명씩 조를 짜서 수업을 진행하는 것이다. 그리고 수업이 끝나면 마음이 맞는 조와 함께 나가서 통닭과 맥주를 마시면서 단합대회를 하는 날이었다. 2개의 조가같이 먹으니 남자 8명이 같이 먹게 되었다. 닭과 맥주를 끝없이 먹었다. 그리고 드디어 계산하는 시간이 되었다. 생각보다 많이 먹었고 돈을 다 걷어도 해결이 안 될 정도였다. 8명은 합심한 듯 술도 취했고, 다 같이 튀자는데 의견이 모여졌다. 큰 돌을 호수에 던지면 물이 사방으로 튀듯이 우리는 튀기로 했다. 하나, 둘, 셋! 하고 다 같이 튀었는데, 나이가 많은 형이 걸려서 통닭값을 다 지불했다고 한다. 나중에는 다 나누어 계산했다.

지금도 통닭을 즐겨 먹지 않은 이유가 위와 같은 일들이 은연중에 내 마음속에 자리를 잡은 것 같다. 그렇다고 아주 먹지 않는 것은 아니다. 즐겨서 먹지 않는다는 것이다.

식당에 가면 간혹 닭발이 있는데, 지인 중에는 이 닭발을 시키는 사람들이 있다. 나는 탕수육을 먹고 싶은데 매운 닭발을 시킨다. 그런데 막상 먹어보면 못 먹을 것도 아니다. 그냥 먹을 만

했다.

아내는 나에게 저녁에 운동하러 갔다 오면서 통닭을 한 마리 다시 튀겨 오라는 명령을 내렸다. 그렇지, 아내는 닭발로 만족할 사람이 아니다. 그날은 통닭을 먹으면서 보려고 한 기대하던 드라마가 있었기 때문이다. 통닭을 좋아하고 드라마도 좋아하는데 두 개를 같이 먹으면서 쉰다면 최고의 즐거움이 될 수도 있다. 그날 저녁 나는 나대로 계획이 있었다. 운동하러 나갔다 오면서 작은 컴퓨터 모니터를 하나 사서 올 생각이었다. 그런데 아내의 느닷없는 주문에 계획을 수정해야 했다. 운동하고 컴퓨터 모니터를 산 다음에 닭집을 갈까 아니면 닭집을 갔다가 컴퓨터 모니터를 사와야 할까 고심해야만 했다. 모니터를 먼저 사면 들고 가는 거리가 너무 멀고 닭을 먼저 사면 전자랜드 직원들이 닭 냄새에 배를 움켜쥘 것이다. 그런 생각을 하면서 야구를 보고 있었다. 10일간의 휴식을 마치고 돌아온 김민우 한화의 에이스가 역투하고 있었다. 아나운서는 10일간 쉬어서 힘이 남아돈다고 했다. 7회까지 던졌는데 5:0으로 한화가 앞서고 있었다. 9회에 마무리 정우람이 올라왔는데 3점을 내리 내줬다. 하지만 결국에는 정우람이 세이브를 했다.

이런 재미있는 야구를 보고 있는 사이에 아내가 닭발을 여러 개 흡입하고 나에게 말했다. "여보 통닭은 사 오지 않아도 돼요"라고 말이다. 나는 닭집을 가야 할지 전자랜드를 가야 할지 고민에 고민을 거듭하고 있는데 아내가 그런 말을 해주어서 정말 고맙다고 했다. 결국은 그냥 운동하러 나가서 모니터만 사서 왔다.

태안에는 닭튀김을 잘하는 곳이 있다. 아내는 이곳에서 닭튀김을 사서 사람들에게 먹어보라고 하기를 좋아한다. 물론 그 닭튀김 집의 홍보대사는 아니다. 본인이 먹어본 닭튀김 중에서 가장 맛있으니까 좋아하는 분이 오면 그 닭튀김을 선물하는 것이다. 직원이 퇴근할 때도 몇 마리 튀긴 닭을 주문해서 가지고 가라고 하고, 이웃집에 놀러 갈 때도 닭을 튀겨서 가기도 한다. 그만큼 닭튀김을 좋아한다. 아내의 닭튀김은 사랑이다. 아내의 옆에 있는 사람들은 참 복을 받았다는 생각을 많이 한다. 그만큼 정과 사랑을 나누어 주는 것을 좋아하기 때문이다. 나도 아내의 옆에 있는 사람이므로 복을 받은 사람이다. 금요일 저녁 드라마도 좋고 야구도 좋고 축구도 좋다. 사랑하는 아내와 함께 통닭을 먹으면서 같이 시청하는 행복에 감사할 따름이다.

운수 좋은 날

아내와 기분 좋게 소면을 먹으러 왔다. 아내는 진한 국물을 별로 좋아하지 않는다. 그래도 이 집의 소면은 싫어하지 않는다. 우리 동네에 맛있는 소면 집이 있어서 가깝고도 좋다. 맛은 또 어떤가. 멸치국물을 이렇게 잘 낼 수가 있을까. 만약 조미료가 들어가 있다면 이렇게 열광적으로 좋아하지 않았을 것이다. 나는 국물까지 완전히 다 비워 먹었다. 진한 멸치육수가 그렇게 시원할 수가 없었다. 이렇게 음식을 맛으로 먹으니 살이 찌고 배가 나오는 것이다. 토요일마다 점심에는 꼭 여기에 오자고 다짐을 했다.

단 하나 문제는 주차장이다. 이곳에서 국수를 먹기 위해서는 주차를 해야 하는데 만만한 곳이 없다. 주차장이 있긴 하지만 옆 커피숍에서 음료수를 사야만 무료로 갈 수 있는 주차장이다. 오늘도 어쩔 수 없이 이곳에 주차했다. 차를 주차장에 세우고 국수를 먹은 뒤에 다시 커피숍에 들어가서 아내가 좋아하는 카페인이 없는 뜨거운 아메리카노 레귤러 사이즈 커피를 한 잔 사서 나왔다.

차를 주차 위치에서 출구 쪽으로 운전해서 커피숍에서 준 하얀색 카드를 투입구에 넣으면 플라스틱 바가 위로 올라가면서 차가 나갈 수 있다. 그 순서대로 아주 천천히 차를 출구에 잠시 서고 하얀색 카드를 카드 투입구에 넣었다. 앞에 막고 있던 플라스틱 바가 서서히 올라갔다. 나가려고 하는데 좌측에서 택시가 한 대 우리 쪽으로 오고 있었다. 차 한 대가 겨우 다닐 수 있는 공간이라 다시 후진으로 해서 뒤로 가야만 했다. 택시가 지나갈 수 있도록 길을 비켜준 것이다. 그때 무슨 이상한 끽끽거리는 소리가 들렸다. 무슨 소리인가 뒤를 보았더니 플라스틱 구조물이 차 뒤에서 걸리고 있었다. 조금만 뒤로 더 갔다면 플라스틱 구조물은 파손이 되었을 것이다. 그리고 돈을 물어주었을 건데 다행히 거기서 멈추어 섰다. 십 년 감수했다.

"그게 뭐 얼마나 된다고 쫄고 그래요." 아내가 말했다.
"돈이 쓸데없이 나가지 않아도 될 일을 일부러 나갈 필요는 없잖아"라고 내가 말했다.
"사람이 좀 대범해져 봐요." 아내가 말했다.
"나도 원래 대범이라면 한 대범 하는 사람이지만, 이런 것과는 관계없는 것 아닌가? "가만히 있는 사람 좀생이 만들지 말아"라고 내가 말했다.

 원래는 내가 더 대범하고 아내는 작은 일에 놀라고 무서워하는 연약한 사람이었다. 결혼 생활을 20년 넘게 하다 보니 그 상황이 역전되고 있다. 아내는 대범해지고 나는 좀생이가 되어가고 있었다.

 소면을 잘 먹고, 차 사고가 나서 생돈을 물어주었다면 기분이 좋지 않을 뻔했지만 그래도 그런 사고까지 나지 않았으므로 아주 운이 좋은 날이다. 아내에게 이런 좋은 날 웃으라고 했다. "웃어요, 웃어"

 2023년 1월 25일은 올해 들어와서 가장 추운 날이었다. 아침에 일어나서 출근을 준비하고 있었다. 현관 앞에 과일 상자와 종량제 쓰레기봉투가 주인 없는 볏짚처럼 쓰러져 있었다. 이걸 아침에 해결해야 한다는 생각이 뇌리를 스쳤다. 밖에는 눈도 오고 길도 상당히 미끄러웠다. 만약에 아내가 먼저 이 재활용품을 본다면 그 성격에 치우려 들것이 분명했다. 아내가 보기 전에 내가 먼저 치워야 아내는 편한 마음으로 출근할 수 있을 것이다. 아니면 지금 쓰레기를 치우지 말고 나중에 날이 풀리면 버리자고 할지도 모른다. 아내가 방으로 들어가서 출근을 준비하는 동안 나는 종량제와 과일 상자를 가지고 1층으로 내려갔다. 무겁지는 않았다. 눈이 많이 쌓이지는 않았지만, 경비 아저씨들이 큰 빗자루로 눈을 쓸고 계셨다. 크게 들리도록 인사를 했다.

"안녕하세요, 추우신데 고생하시네요"
"수고는요" 경비 아저씨께서 눈을 치우면서 말하셨다.

나는 인사를 하고 쓰레기장으로 가서 가지고 간 쓰레기를 처리했다. 그리고 다시 돌아서 현관으로 다가갔다. 경비 아저씨들은 일을 마치고 저만치 가고 있었다. 그 순간 길이 미끄러운지 집중을 덜 해서 그런지 발이 미끄러지면서 쫘당하고 길에 넘어졌다. 좌측 무릎이 아프고 까졌고 특별히 다른 곳이 아프지는 않았다. 체중이 많이 나가서 그런지 나이가 들면서 관절이 약해져서 그런지 간혹 길에 넘어질 때가 있다. 주위를 두리번거렸지만, 비명을 지르지 않아서 그런지 경비 아저씨들도 저 멀리 걸어가고 있었고 아무도 보는 사람은 없었다. 천천히 일어나서 몸을 털고 걸어보았다. 다른 곳은 아프지 않고 무릎만이 통증이 있었다. 얼마나 다행인가. 몇 달 전에도 지하 주차장에서 넘어지면서 좌측 가슴을 다쳤던 것을 생각하면 아찔했다. 그러나 오늘은 그 정도의 통증은 없었다. 보통 넘어질 때 쿵하고 넘어지는데 그런 소리가 들리지는 않았다. 그저 좌측 무릎이 까진 정도였다.

그러나 눈물이 찔끔할 정도였다. 가만히 출근하면 될 것을 안 하던 짓을 하다가 다친 꼴이 되었다.

아내에게 절대로 이 사실을 알려서는 안 된다. 아침부터 이런 큰 상처도 아닌 일을 아내에게 말을 해서 걱정하게 할 이유는 없다. 가뜩이나 정초 아니던가. 좋은 기운과 즐거운 마음만이라도 가득 차도록 해야 할 내가 그런 사소한 말을 할 필요가 없다고 판단했다. 다친 사실을 말하지 않는다면 조용히 지나갈 수 있는 일이다. 아무 일도 없었던 것처럼 말이다.

아무렇지도 않게 차를 타고 아내와 함께 출근했다. 하마터면 만약 대형 사고로 이어졌다면 큰일이 벌어졌을 수도 있다. 하지만 상처는 받았지만 잘 넘겼다. 대박 일을 소박으로 막은 것이다. 그렇다면 이것 또한 이득이다. 다친 것이 문제가 아니라 다쳤지만 잘 막아낸 경우다. 저녁에 다시 퇴근하고 와서 아내에게 아침에 있었던 일을 보고했다. 아내는 큰 소리로 잔소리를 늘어놓으려다가 멈추고 한숨을 푹 내쉬었다.

중국 전한 시대의 서책(회남자)의 내용중 [인간훈]에서 유래한 고사성어로 '새옹지마'라는 말이 있다. 직역하면 '변방 노인의 말(馬)'이다.

내용은 전쟁이 자주 일어나던 북쪽 변방에 노인 한 명이 살고 있었는데, 이 노인이 기르던 말 한 마리가 어느 날에 관리 소홀로 인해서 달아나버리자 사람들은 "말이 도망가서 어떡합니까? 정말 안되셨습니다." 하고 위로했더니 이 노인은 오히려 "글쎄, 이 일이 복이 될지 어찌 알겠소?"라며 낙심하지 않고 덤덤한 표정을 지었다. 그러다가 얼마 뒤에 도망갔던 말이 많은 야생마들을 이끌고 노인에게로 돌아왔다. 사람들은 "이제 부자가 되셨구려! 축하합니다!"라고 환호했지만, 이 노인은 또 "글쎄, 이 일이 재앙이 될지도 모를 일입니다"라며 기뻐하지 않고 덤덤한 표정을 지었다.

그 뒤 노인의 아들이 그 뒤 노인의 아들이 그 말들 가운데에서 좋은 말 한 마리를 골라 타고 다녔다가 그만 부주의로 인해서 말에서 떨어져 다리를 크게 다치고 절름발이가 되었다. 사람들은 "아드님이 다리를 다쳐서 저 지경이 되었으니 어떡합니까? 정말 안됐습니다" 하고 걱정하며 위로하자 노인은 "글쎄, 이게 다시 복이 될지 어찌 알겠습니까?"라며 덤덤한 태도를 보였다.

얼마 뒤 오랑캐들이 쳐들어왔다. 그래서 마을마다 관리들이 찾아와서 남자들을 데려갔고, 집집마다 가족들을 전쟁터로 보내느라 걱정이 태산이었다. 그리고 징집된 남자들의 운명은 어떻게 되었을까? 대부분이 전장에서 전사하였고, 그나마 살아남은 이들 역시 상당수가 장애를 안고 돌아왔다. 이 때문에 마을 내에선 멀쩡한 청년을 찾아보기가 거의 힘들 정도였고, 마을에서는 전사한 군인들의 유족들의 울부짖음이 가득한 울음바다와 설령 살아서 돌아왔어도 불구자가 돼서 평생을 후유증을 달고 살게 된 상이군인들의 걱정스러운 한숨 그리고 상이군인들을 걱정하는 가족들의 안타까운 한숨이 뒤섞였다. 그런데 노인의 아들은 다리를 못

쓰게 된 것이 오히려 약이 되어서 징집을 면하고 전쟁이라는 끔찍한 난리통 속에서도 무사히 살아남았다. 그제야 사람들은 노인이 왜 그리 모든 일에 덤덤했는지를 알게 되었다고 한다.

결국, 인생의 화와 복은 알 수 없으니 매사에 일희일비하지 말라는 의미로 쓰이기도 한다. 우리는 좋은 일도 있고 그렇지 않은 일도 생긴다. 그런 일들이 일어나니까 인생이라고 할 수 있다. 바람이 불 때도 비가 올 때도 우리는 의연한 마음을 가지고 살아야 한다.

우리는 거인이 아니다

　아내와 대형마트에서 장을 보았다. 대형마트에서 보는 장은 거의 1년 만이다. 집 옆에도 마트가 있어 대형마트는 자주 가지 못한다. 어쩌다 가보는 대형마트다. 아내의 기분이 좋다. 쇼핑을 싫어하는 사람은 없다. 대형마트는 동네 마트와 다른 것이 있다. 과일도 다양하고 고기도 다양하고 그때그때 할인판매를 하는 품목이 있고, 속옷을 사거나 양말을 살 때 치약이나 칫솔을 살 때도 대형마트를 찾는다. 모든 것이 다 있다. 먹거리도 많은 양을 저렴한 가격에 살 수 있다. 결국 의도하지 않은 지출을 할 때도 있다. 우리 식구처럼 먹는 것을 좋아하는 사람들이 대형마트 가는 것을 싫어할 리가 없다.

　우리 가족은 엥겔지수가 높은 편이다. 엥겔지수는 가계 지출에서 식료품비가 차지하는 비율을 나타내는 지표다. 엥겔지수는 식비 지출이 전체 소비 지출에서 얼마나 큰 부분을 차지하는지를 보여주어, 가계의 생활 수준이나 경제 상황을 파악하는 데 사용된다. 엥겔지수가 낮을수록 가계의 식비 부담이 낮고, 생활 수준이 높다고 볼 수 있고 반대로 엥겔지수가 높을수록 식비 부담이 크고, 생활 수준이 낮다고 볼 수 있다. 결혼 생활이 30년이 되도 별로 변화가 없는데 이것이 나의 배가 들어가지 않는 원인이다.

우리 식구는 아파트에 사는 다른 식구보다 많이 먹는 편이다. 다른 지인들보다도 더 자주 마트를 방문하고 더 많이 음식물 쓰레기를 버리고 있다. 버리는 양과 횟수를 보면 안다. 어린 시절부터 부유한 집안은 아니었으므로, 삼시 세끼를 꼭 먹어야 한다는 것과 영양분이 골고루 함유된 다양한 음식을 먹어야 한다는 강박관념이 그렇게 하게끔 했다. 지금 먹지 않으면 다음 기회란 없다는 식이다. 그렇지 않고 먹는 것에 대해 좀 더 유연한 생각을 하고 있었다면 오늘날 우리 식구의 몸 외형은 다른 양상을 띠고 있을 것이다. 때로는 금식도 하거나 단식을 하거나 하는 남들이 하는 평범할 수도 있는 일을 우리는 해본 적이 없다. 우리라고 할 것도 없다. 주로 나는 그렇다. 한 번도 그렇게 음식을 멀리하는 일을 해본 적이 없는 것이다. 무언가 잘못이 돼도 한참 잘못된 것이다.

오히려 마트가 열거나 맛집이 개업하면 먼저 가서 아내와 함께 맛을 봐야 직성이 풀리는 가족이다. 이럴 때 아내와 나는 죽이 너무나 잘 맞는다. 인생의 에너지를 이렇게 먹는 것에 낭비할 줄은 예전에는 미처 몰랐던 일이다. 아무리 정치하는 사람들이 정신이 없고 나쁜 짓을 많이 한다고 해도 그들은 일단 배에 관해서는 내가 할 말이 하나도 없다. 아내는 나 같은 몸매는 아니다. 최소한 정장을 입고 단추를 잠그는 데 별 무리가 없어 보인다. "얼마나 노력을 하면 저런 몸매를 유지하고 저런 옷을 입을 수 있을까?" 나는 속으로 생각한다. 우리 아이들이 결혼식을 할 때 정장을 입을 수는 있어야 하는데 하는 걱정을 한다.

동네 식구들끼리 모일 때가 간혹 있는데, 다른 식구는 홀쭉해 보이는데 우리 식구만 넙데데하고 펑퍼짐하고 뭔가 좀 크다. 한 덩치가 앉아있는 것 같다. 아내는 내가 보기에 별로 쪄 보이지 않는데 자신은 상당히 거인 같다고 생각한다. 나는 학생 때도 덩치가 좀 있는 편이었다. 체중 80-90㎏을 오갔으며 키는 168㎝였다. 그렇다고 거구는 아니다. 운동회 때도 볏짚 이고 달리기나 씨름 같은 것을 하면 선수로 뽑히고는 했다. 왜소한 체격은 아니다. 아들 둘은 모두 나의 체형을 닮았고 딸은 엄마의 체형을 닮았다. 다행이다. 나는 지금 90에서 100까지 오간다. 더 찌면 쪘지 줄지는 않는다. 내가 속해있는 태안군 의사회에서 나보다 배가 많이 나온 의사는 없다.

30대까지만 해도 모두 배가 나온 것에 대하여 이상하게 쳐다보는 사람은 없었다. 오히려 의사답다고 하는 사람들이 많았다. 아니면 배가 더 나올수록 사람들은 점점 더 의사가 되어가고 있는 것 같다고 했다. 매스컴을 봐도 그때는 모두 배불뚝이가 의사를 하곤 했었다. 세상은 변했다. 요즈음 어디도 배부른 의사가 나오지 않는다. 모두 날렵하고 미남인 배우들이 의사 역할을 한다. 대사 증후군이다, 해서 자기 관리를 잘하지 못하는 의사라고 하기도 한다. 배가 나오면 빨리 죽는다는 인식을 가진지 오래다.

9살 남자 꼬마가 축구시합을 하다가 왼쪽 발이 접질려서 내원했다. 진료를 보고 가려던 꼬마는 내 배를 한참 보고 간다. 무언가 말을 하려다가 하지를 않는다. 진짜 장난꾸러기 꼬마였다면 아마도 "선생님 배가 왜 이렇게 많이 나왔어요?"라고 했을지도 모른다. 하지만 그 꼬마는 "무슨 할 말 있니?"라고 내가 물어보았지만 아무 말도 하지 않고 그냥 나갔다. 착한 어린이임이 틀림없다.

우리 내외가 양손에 과일과 채소와 빵을 사 올 때는 많은데, 다른 식구들이 그렇게 사서 집에 들어오는 것을 본 적이 별로 없다. 특히 동네 사람들이 그런 것은 본 적이 없다. 심지어 마트에서도 잘 만나지 않는다. 우리 내외의 양손에 무언가가 가득 들려 있다. 사서 들어온 것을 오래도록 두고두고 먹지도 않는다. 바로 다 먹는다. 계획을 세워서 오늘은 무얼 먹고 내일은 뭘 먹고 가 정해져 있다. 그러니 다 먹을 수밖에 없다. 아내와 나는 동네 사람들은 거의 먹지 않고 산다고 결론을 내렸다. 그렇지 않고서야 동네 마트나 대형마트를 갔을 때 그렇게 마주치지 않을 수 있냐는 것이다. 물론 동선이 다르니 그럴 수도 있다.

그동안의 습관을 버릴 수는 없다. 그래도 술과 담배를 하지 않으니 그것으로 위안으로 삼아야 한다. 만약 술과 담배를 했다면 훨씬 더 많은 것을 먹어야 하고 장을 봐야 한다. 오늘 같은 날도 만약 술을 마시던 2년 전이라면 마트에 간 김에 와인이나 맥주를 샀을 것이다. 하지만 일체 그런 것은 사지 않았다. 순전히 아내가 좋아하는 것으로 카트를 채웠다. 아내가 좋아하는 젓갈로 아내가 좋아하는 오리고기로 아내가 좋아하는 체리로 아내가 좋아하는 복숭아로 채웠다. 그래도 아내는 나만큼 먹지 않는다. 내가 잡곡밥을 먹을 때도 아내는 고기와 채소만 먹는다. 아침에도 나는 밥과 반찬을 먹어야 하지만 아내는 과일을 갈아서 한 잔 정도만 먹는다.

어제의 나보다는 조금 덜 먹는 내가 되면 된다. 음식에 홀려서 미친 듯이 먹지만 않으면 된다. 천천히 꼭꼭 씹어서 골고루 먹으면 된다.

일본 사람 미즈노 남보쿠가 1812년에 쓴 책 『성공과 행복을 이루고 싶다면! 결코, 배불리 먹지말 것』이라는 책에는 이러한 내용이 있다.

많은 이들이 음식의 중요성을 알지 못했고
절제에서 오는 축복과 부와 평화를 얻지 못하는 것이 안타깝습니다.

인간의 운이 좋고 나쁨, 행복과 불행은 단연
먹고 마시는 것을 절제할 수 있느냐 없느냐에 따라 결정된다는 것
을 하루빨리 깨달아야 합니다.

중략

그리고 이 방법을 실제로 실천한 사람들이
어떻게 자신의 운명을
완전히 새롭게 스스로 만들어 변화시키는지
모두가 실제하는 증거를 보았습니다.

   이 책에서 우리에게 알려주는 것은 먹는 것의 중요함이다. 운도 관상도 부와 명예도 먹고 마시는 것을 잘 절제함으로써 이룰 수 있다는 단순하지만 실천하기 어려운 내용을 보여주고 있다. 현시대를 살아가는 우리는 거인족이 아니고 헤비급도 아니다. 아내와 함께 배부름보다는 배고픔의 편안함을 추구해 나아갈 것이다.

김치찌개는 사랑이다

전공의 시절 당직을 서고 집으로 돌아오면 아내는 항상 맛있는 음식을 하고 기다리곤 했다. 아내는 아직 어렸고 어떤 무엇을 하든 맛있을 것 같은 모양을 보여주었다. 빨간 국물에 김치가 들어 있고 두부가 들어있어 누가 봐도 먹음직한 김치찌개였다. 전공의 3년 차 시절의 출퇴근은 빡빡하기만 했다. 매일 집에 들어오는 것도 아니었다. 하루는 당직을 서고 다음 날 들어가야만 했다. 어떤 음식을 먹어도 소화할 나이었다. 하지만 아내의 김치찌개는 그런 맛이 아니었다. 김치 따로 돼지고기 따로 물과 기름이 따로 노는 그런 국이었다. 눈을 감고 한 수저 먹어보지만, 목에 넘어가지 않았다. 아내는 방긋 웃으면서 엄청난 음식을 성공했을 때의 모습으로 같이 먹고 있었다. 아내는 맛있나 보다. 나는 아닌데. 그렇다고 열심히 요리한 아내에게 무어라고 할 수 없다. 지금은 열심히 먹어주는 것 말고는 할 수 있는 것이 없다.

그때부터인가 나는 양념통에 집착을 많이 하는 편이다. 소금과 깨소금과 참기름 이런 양념통을 옆에 두고 먹으면 나름 마음이 편했다.

이젠 30년이라는 세월이 흘렀다. 기름과 물이 분리되었던 그 국물도 하나가 되어 멋진 균형을 유지하는 아내의 요리가 되었다. 이제는 어린 아내가 아니고 경륜과 솜씨를 가지고 있는 아내가 되었다. 우리 아이들에게나 나에게는 어디서 먹는 음식보다도 맛있고 생각나게 하는 음식이 되어있었다. 나는 이 김치찌개를 먹을 때면 언제나 '오래 참음'이라는 생각을 떠올리곤 한다.

김치찌개든 김칫국이든 '김치 짜글이'든 우리나라 사람들은 김치로 만든 요리를 좋아하는 편이다. 김치가 조금 맛이 없어서 김치가 쉬었다 해도 김치를 볶거나 국을 끓이면 그 맛의 변화가 생긴다. 물론 좋게 변한다. 들어가는 재료는 뻔하다. 김치와 두부와 돼지고기다. 요리방법은 유튜브와 다른 SNS에도 여러 종류의 요리법이 나와 있다. 그대로 하면 되는데 잘 안 된다. 우리의 입맛은 이미 하늘까지 가 있고 까다롭다. 웬만한 김치찌개는 우리 혀를 만족시키지 못한다. 요리 연구가가 알려준 서산 해미읍성의 김치찌개는 누구나의 입맛에 맞게 조리한 경우다. 양념을 많이 넣고 고기를 많이 넣어서 맛있다. 간혹 그 집은 줄을 서서 대기하고 있다.

내 인생 시초의 김치찌개는 우리 할머니 김치찌개다. 그때의 맛을 떠올리게 하는 사건이 있었다. 12살 때 자전거를 배우고 신나게 타고 다니던 때였다. 대전에서 신탄진까지 휴일 아침에 자전거를 타고 혼자 떠났다. 약 12㎞ 거리다. 자전거를 타고 가는데 너무 힘이 들었다. 신탄진까지 다 가지도 못했다. 그 전에 있는 회덕쯤 되는 곳에서 기진맥진해서 거의 쓰러지다시피 했다. 어느 길가의 수돗가에서 쓰러져 있었다. 마치 영화 〈벤허〉에서 벤허가 이스라엘에서 로마로 끌려가는 장면에서 물을 애타게 찾는 장면과도 같은 상황이었다. 그때 영화에서는 예수님이 나타나서 물을 주셨지만, 나는 어떤 지나가던 아주머니께서 물과 사이다를 먹여 주시고 기운을 좀 차리게 한 뒤에 집으로 가는 버스에 나와 자전거를 태워 보내주셨다.

집에 들어설 때 부엌에서 일하시는 할머니가 보였다. 아! 눈물이 마구 쏟아져 내렸다. 너무 배가 고파서 그럴 수도 있고, 힘이 너무 빠져서 울었을 수도 있다. 할머니는 기진맥진한 내 모습을 보시고 큰 사발에 밥과 김치찌개를 내놓으셨다. 밥 두 공기와 같이 말아먹은 김치찌개를 잊지 못한다. 그것은 할머니의 사랑이었다.

또 다른 기억으로 어머니의 김치찌개다. 어머니께서는 항상 아버지와 같이 전파서 점방에 나가서야 했다. 한 번씩 끓여놓은 김치찌개는 거의 김칫국 수준으로 많은 양을 끓여놓으셨다. 내가 밖에서 시간이 가는 줄 모르고 놀다가 때늦게 들어와도 부엌에 항상 있었다. 그러면 밥을 말아 먹고 또 나가서 놀았다. 어머니의 김치찌개는 오래 끓이는 것이 비법이다. 돼지고기와 묵은지를 넣고 계속 끓이고 또 끓인다. 김치도 물러지고 고기도 흐물거려지면 그 맛이 끝내준다. 주로 이 찌개를 먹고 자랐다. 찬밥에 말아 먹어도 맛이 있고 식은 찌개를 뜨거운 밥에 말아 먹어도 맛이 있다.

세 번째는 대학생 때다. 기타 동아리에서 선배님의 집을 밤 늦은 시간에 방문했다. 선배님이 회장이었기 때문에 연주회를 마치고 식당에서 회식 후 이차로 집으로 쳐들어간 것이다. 밤 11시 정도 되었을 시간이었다. 어머니는 돼지고기 김치찌개와 소주를 한 병 내오셨다. 그 맛을 뭐라고 표현할까? 맛도 맛이지만 한창 나이에, 배고플 시간에, 선후배가 숟가락 하나씩 들고 한 냄비에서 퍼먹는 김치찌개는 인생 찌개임이 분명하다. 돼지고기 한 점이라도 건지면 왕건이라고 외치면서 즐거워했다. 호텔이나 값비싼 레스토랑에서 고기를 먹어야 맛이 나는 것은 아니다. 어디서 누구와 무엇을 먹느냐에 따라서 마음이 흔들리는 것이다. 지금도 생각하면 침이 고인다.

지금은 그런 상황을 만들지 못한다. 당연히 그 맛도 나지 않는다. 그때 그 시절의 상황을 고려해야 한다. 탈진했을 때 할머니가 주서서 먹던 맛이 아니고, 한참 놀다가 배고플 때 부엌에서 보물 찾듯 찾아 먹는 음식도 아니고, 더더욱 돌아갈 수 없는 대학 시절의 풋풋한 계절이 아니다. 어떻게 그 시절의 맛을 재현할 수 있겠는가. 다만 우리의 추억 속에 그 맛은 각인되어있다. 그것은 추억의 맛을 떠나 그리움으로 그리고 사랑으로 마음 한 모퉁이에 남아있다.

요리 연구가의 김치찌개는 이렇게 만든다. 준비물은 돼지고기, 물, 마늘 다진 것, 새우젓, 파, 고추, 신김치, 국간장, 소금, 두부, 고춧가루다. 준비물도 많이 필요하지 않다. 여기서 중요한 것은, 신김치와 새우젓이다. 돼지고기는 아무것이나 사용해도 된다. 삼겹살이든 뒷다릿살이든 목살이든 다 좋다. 물과 돼지고기를 넣고 10분 이상 끓여야 한다. 돼지고기를 물에 넣고 끓이면 돼지고기에서 기름이 나와서 고소한 맛을 낸다고 한다. 김치찌개는 끓이면 끓일수록 맛있는 것이다. 10분 이상 끓여도 된다. 그다음에는 김치와 새우젓을 넣고 간을 하고 마지막으로 고추와 파와 마늘 다진 것과 두부를 넣으면 된다. 생각만 해도 입에 침이 고인다. 이렇게 단순한데 왜 맛의 변화가 있을까. 그것은 김치가 쉬지 않을 때가 있고 때로는 새우젓을 넣지 않을 때도 있을 것이고, 돼지고기를 오래 끓이지 않고 먹으니까 그 맛이 나지 않는 수도 있다.

친구가 추천하는 삽교에 있는 식당에서 물어보니 2년 묵은 김치를 사용하여 국을 끓린다고 했고, 홍성에 있는 식당에서 물어보니 3년간 숙성한 김치를 사용한다고 했다. 김치를 오래 숙성할수록 흉내 내기 어려운 맛을 내는 것만은 분명하다. 그러니 식당마다 김치 숙성 창고를 짓고 김치를 오래 묵히는 것이다.

저녁에는 밥을 먹었다. 아내가 김치찌개를 해서 같이 먹었다. 아내에게 부탁이 하나 있다. 김치찌개 만드는 것은 나에게 양보했으면 좋겠다. 아내도 결혼 초기에는 내가 해주는 김치찌개를 잘 먹었다. 아이들이 크고 점점 아내가 김치찌개를 많이 하다 보니 내가 하는 찌개를 먹지 않고 자신이 하는 김치찌개만을 먹게 되었다. 그러나 항상 무언가 하나가 빠진 듯한 김치찌개였다. 다른 음식은 상당히 수준급이지만 김치찌개만은 그렇지 못했다.

몇 년 전에 아내에게 김치찌개를 선보인 적이 있었다. 맛있는 김치찌개를 끓여 아내가 맛있게 먹는 모습을 보고 싶었던 것 같다. 그래서 다방면으로 연구를 해보았다. 육수를 진하게 내기 위해서 멸치와 다시마를 이용했다. 그리고 돼지고기도 많이 넣었다. 돼지고기도 볶으면 더 맛있다는 이야기를 듣고 냄비에 들들 볶았다. 김치도 신김치가 아닌 맛있는 김치를 넣었다. 아내가 보지 않을 때 미원도 조금 넣었다. 마늘과 파 소금과 간장을 넣었고 새우젓까지 넣었다. 들어간 재료만 보면 맛이 없을 수가 없는 음식이다. 아내는 MSG를 싫어하고 돼지고기 볶는 것도 별로 좋아하지 않는다. MSG는 건강에 해로워서 좋아하지 않고 돼지고기 볶는 것은 느끼하다고 싫어한다.

나는 아내에게 맛을 보라고 했다. 아내는 한 숟가락 떠먹고 숟가락을 놓았다. 느끼해서 다시는 먹을 수가 없다고 한다. 내가 먹어보니 보통의 김치찌개 맛도 아니었다. 그 이하의 맛이었다. 이 맛도 저 맛도 아니었다. 그 이후로 아내는 나에게 김치찌개를 하지 말라고 했다. 가뜩이나 나도 김치찌개에 대한 자신감이 없는데, 아내까지 힘을 실어주지 않으니 김치찌개를 만들 용기가 나지 않았다. 그렇게 된 것이 10년 정도 되어 가고 있다.

이젠 나도 김치찌개와는 거리가 먼 사람이 되었다. 아내가 해주는 김치찌개만을 먹고 있다. 그리고 내 인생의 김치찌개도 아내가 해주는 김치찌개가 자리 잡고 있다. 아내의 고집스러운 요리방법도 오래 하다 보니 우리 집의 시그니처 요리가 되었다. 어느 식당보다 맛있게 김치찌개를 해주는 아내에게 감사한다. 김치찌개는 사랑이다.

아내는 청소하고, 나는 정리한다

　아내는 청소를 위해 태어난 사람 같다. 종일 청소만 한다. 닦고 쓸고 정리한다. 청소란 이런 것이라는 것을 보여주기라도 하듯 청소 위주의 삶을 살아가고 있다. 청소에 대한 열망이 있었다. 어린 시절 6남매의 집에서 살다 보니 항상 정리되지 않고 뒤죽박죽이었다. 아이들이 많으면 아무리 정리를 한다 해도 또 어지르는 사람은 있기 마련이었다. 깨끗하고 정리된 집을 원했는데 아내는 나의 소망을 저버리지 않는 사람이었다. 그 무엇보다도 청소라면 도가 튼 그런 여자였다.

　나도 청소라면 일가견이 있는 사람이다. 초등학교 1학년 때부터 수업이 끝나고 학교에 남아 청소를 했다. 교실 청소도 하고 화장실 청소도 하고 화단 청소도 했다. 매일매일 청소하다 남들보다 퇴교 시간이 늦었다. 주로 받아쓰기 때문에 일어난 일이다. 받아쓰기를 하고 반 이상을 맞으면 집에 가고 그렇지 못하면 남아서 청소를 해야 했다. 학년이 진행되면서도 마찬가지였다. 받아쓰기가 숙제로 변했지만, 여전히 나는 숙제를 하지 않아 남아서 청소를 해야 했다. 숙제도 하고 받아쓰기 공부도 해야 한다고 생각은 하지만, 몸이 그렇게 움직여주질 않았다. 매일 남아서 청소를 하다 보니 청소하는 것이 나쁘다는 생각이 들지 않았고 당연한 것으로 여기게 되었다. 좋은 일을 하는 것 같았다.

어차피 내가 청소를 하니까 낮에도 미리미리 쓰레기가 생기지 않도록 했다. 공부는 그렇게 하지 않았는데 청소는 열심히 했다. 등교하자마자 신발장의 흙도 생기지 않도록 미리미리 청소했다. 칠판의 먼지나 칠판지우개도 미리미리 털어놓았다. 누가 알게 하는 것이 아니라 보이지 않는 손으로 정리했다. 왜냐하면, 남아서 청소를 해야 하니까. 그렇다면 미리미리 숙제해오거나 문제를 풀어오면 청소를 면할 수 있지 않냐고 할 수도 있다. 그게 안 된다는 거다. 비록 집에는 학교 청소하다가 늦게 갈 수는 있어도, 집에 가면 청소 생각은 뒷전이고 노는 데 정신이 팔려서 도무지 책상 앞에 앉을 수가 없었다. 차라리 청소하는 쪽으로 가닥을 잡고 잠을 청했다. 맞아도 보았다. 엄청나게 맞았지만 맞는 것이 그렇게 아프지는 않았다. 맞을 만했다. 여하튼 청소는 학교생활의 거의 전부였다.

중학생이 되면서 학업 성적이 좋아져서 청소하거나 맞지는 않았지만, 청소 습관이 몸에 배어 있었다. 학교에 일찍 가서 청소하고 신발을 가지런히 정리했다. 그래야 기분이 좋았다. 주전자와 컵을 깨끗이 닦았다. 주번이 되면 주번의 일을 충실히 했다.

성인이 되어서도 청소는 나에게 위안을 주는 일이다. 집에서도 청소하기를 좋아한다. 오랜 습관적인 일이기도 하다. 청소는 일단 재미있다. 하고 나면 속이 후련하고 만족도가 그 무엇보다 높다. 하나하나 정리하다 보면 내 머릿속까지 정리가 되는 기분이다. 그렇다고 아무 때나 청소하는 건 아니다. 청소하고 싶어야 한다. 아무 때나 하고 싶지 않고, 하고 싶을 때가 있다. 치우고 싶다는 생각이 들 때가 있다. 책꽂이에 이 책이 꽂혀있는데 그 책을 다른 곳으로 옮긴다거나, 눈에 연필이나 볼펜이 자꾸 띄었는데 정리해야 한다는 마음을 먹고 있다가 순간적으로 그래 이젠 해야 겠다 싶을 때 시작한다.

주로 청소하는 구역은 책꽂이와 창고다. 거실이나 베란다는 아내가 평소에 늘 하는 곳이니까 나는 내 구역을 하면 되는데 그 구역이 바로 창고와 책꽂이다. 이곳에는 아이들의 거의 모든 것이 간직되어있다. 아이들이 쓰던 학용품이나 아이들이 받은 편지 같은 것이 보관되어있다. 아이들 일기장이 보물처럼 보관되어 있다. 역시 대부분을 차지하는 것은 나의 물건들이다. 검도 물건이 있다. 검도 죽도, 메달, 죽도 집, 목검, 소도, 대도, 작은 죽도 큰 죽도, 쪽 대가 있다. 검도 도장에서 관장님이 준 죽도를 보관하고 있다. 이 죽도를 보면 검도를 하던 40대의 기억이 많이 떠오른다.

작은 상자가 여러 개 있다. 큰 상자도 있다. 작은 상자를 분류해서 큰 상자에 나누어 놓는 것이 목적이다. 선이 많은데 선들을 다 한곳에 집중하게 해야 한다. 선은 컴퓨터 선, 스피커 선이 있고 실용음악을 하는 아들의 기타 앰프 선도 많다. 이것을 나중에는 분류해야 하는데 일단은 너무 많은 것이 있어서 한 군데에 넣어 놓았다. 그나마 둘째 아들은 고등학교부터 외지 생활을 오래 해서 그런지 음악 관련 외에는 물건이 많지는 않다. 큰아들과 막내딸의 것을 잘 구분해서 보관함에 넣었다. 방안과 창고에 죽 늘어 놓으니 엄청 많아 보였다.

아이들이 타지에서 생활하다가 집에 오면 본인의 물건들을 찾을 때가 있다. 그것이 무엇이든 잘 찾을 수 있도록 분류를 해놓아야 한다.

그 장면을 보고 아내는 혀를 내두른다. 그러면서 잔소리를 한다.

"책을 버렸으면 좋겠는데 자꾸 쌓아놓으려고만 하네요."
"아이들 만화책도 있고 해서 지금은 못버려요." 나의 대답이다.
"만화책은 나중에 혹시 본다 해도 소설책은 안 볼 것 같은데." 아내의 말이다.

책을 버리는 것도 거의 한 달 전부터 생각으로 했던 건데 아내는 바로 버리라는 판결을 내린다.

지금 책도 책이지만 전기선이나 학용품 컴퓨터 관련 등 각각 정리해야 하는데 책은 나중에 다 정리하고 할 거라고 했는데, 아내는 계속 잔소리를 한다. 나는 아내에게 약간 서운했다. 정리라고 하는 것이 오늘 생각나서 바로 즉흥적으로 하는 것이 아니라 평소에 계속 생각을 하고 있다가 하는 것이니 오늘은 조금 보고만 있어 달라고 했다. 아내는 그래도 몇 가지 더 지적했다. 지적뿐만이 아니었다.

"요즈음 코로나 때문에 사람들이 밖에 못 나가니 집에서 할 일이 없어서 집 안 청소하는 사람이 많대"라고 핀잔을 주었다. 나는 원래 청소를 좋아하는 사람인데 아내는 내가 못 나가니 어쩔 수 없이 청소한다고 한다. 그게 아닌데 말이다.

열심히 일하고 있으면 지적하지 말고 칭찬을 해달라고 했다. 그럴 때마다 아내가 하는 말이 있다.

"당신은 마음이 유리 같아요, 그런 마음으로 어떻게 세상을 살아가려고 해요." 그러는 것이다.

청소를 모두 마치고 근처에 있는 숙성 삼겹살 고깃집에 갔다.

고기를 시키고 밥을 먹어야 하는데 밥 메뉴가 두 가지였다. 공깃밥과 누룽지였다. 아내에게 부탁했다. 둘 중의 하나를 골라달라고, 나는 도저히 못 고르겠다고, 아내는 그것도 못 고르냐고 핀잔을 주었는데 나는 이런 말로 받아쳤다.

"그래! 왜 내 마음이 너무 유리 같아서 그렇다" 아내는 오늘 같은 날은 누룽지라고 하면서 골라주었다.
 아내는 이런 말로 응수했다. "뒤끝 작렬."

 청소를 한 곳은 깔끔해서 자꾸 보게 된다. 더운 여름에는 일도 하기 싫고 나태해지고 싶을 때가 있다. 그럴 때 집안의 분위기를 바꾸고 싶을 때 가장 좋은 것은 청소다. 청소도 자꾸 해봐야 는다. 그러니 청소하자.

 판덩이 지은 『나는 불안할 때 논어를 읽는다』라는 책에는 이런 구절이 있다.

 비교적 단순한 업무를 처리하는 직업을 가진 사람 중 많은 사람이 자신이 하는 일에 대해 경외심을 갖지 않고 있다. 때로는 자시의 업무를 수치스럽게 생각하는 사람도 있다. 일본 대기업의 창업주인 가기야마 히데사부로가 쓴 『머리청소 마음청소』라는 책이 있다. 연간 매출액이 1조 원에 육박하는 회사의 창업주가 전국의 학교와 공원 등의 화장실을 청소한 일이 알려져 더 유명해진 책이다. 그의

'화장실 청소하기' 운동은 경영인들과 자영업자 등 동참자가 10만 명을 넘어서기도 했다. 그는 고민이 있거나 슬럼프에 빠진 사람들에게 어지럽고 지저분한 주변 환경부터 정리하라고 권한다. 청소를 하다 보면 복잡했던 자신의 마음도 정리된다며 '청소의 무한한 힘'을 역설했다. 그는 아주 작은 일에도 경외심을 가지고 대했다. 대기업 창업주가 화장실 청소 하나에도 정성을 쏟는다는 사실은 많은 이에게 감동을 주었다.

2023년 야쿠쇼 코지 주연의 〈퍼펙트 데이즈〉라는 영화가 있었다. 주인공은 시부야의 공중화장실 청소부이고 과묵한 성격으로 수많은 다양한 화장실을 매일 청소하고 다닌다. 올드팝을 듣고, 공원에서 점심을 먹으면서 나무 틈 사리로 보이는 하늘을 감상한다. 퇴근 후에는 선술집에 들러 한 잔의 술을 마시고 오래된 서점에서 소설을 사서 읽는다. 이 잔잔한 영화가 어떻게 나의 글과 통하는 것이 있는지는 모르겠지만 아마도 청소를 매일 하는 모습에 큰 감명을 받았을 수도 있다.

아내와 나도 어쩌면 소중한 매일매일의 청소와 감사함으로 퍼펙트 라이프를 꿈꾸는 지도 모르겠다. 인터넷 상점에서 구입한 돌돌이로 침대와 쇼파에 떨어진 내 머리카락과 하얀 가루를 닦아내야겠다.

세상에서 가장 강한 사람

교육 방송에서 하는 서부영화 '쉐인'을 보았다. 줄거리는 다 알지만 볼 때마다 느끼는 것이 다르다. 약해 보이는 주인공이 악을 총을 가지고 응징하는 장면은 통쾌하다. 예전에는 강한 힘을 가진 사람을 강하다고 여겼었다. 총이나 칼 또는 주먹이 강하면 강한 사람이었다. 나이가 들어가면서 진정한 강함은 힘만이 아니라는 것을 깨달았다. 보이는 것이 다가 아니라는 것도 깨달았다. 많이 가지는 것만이 능사가 아니라는 것도 알게 되었다. 진실로 중요한 것은 눈에 보이지 않으며 돈으로 살 수 없는 것들이었다.

아내를 보면서 진정한 강함은 부드러움이며 어머니의 사랑이야말로 그 무엇과 견줄 수 없는 강함의 원천이라는 것도 알게 되었다. 아내는 모든 의미에서 강하다. 결단력이 있으며 독립적이며 어떠한 장벽도 그녀의 힘을 막지 못한다는 것도 알게 되었다.

아내의 힘은 어려운 시기에 직면할 때 가장 분명하게 나타난다. 그녀는 항상 포기하지 않고 밀어붙일 방법을 찾는다. 그녀의 사전에 포기는 없다. 어떤 강한 자도 그녀 앞에서는 강하지 않다. 왜냐하면, 아내는 진짜로 강한 사람이기 때문이다.

우리는 3명의 아이를 낳았는데, 낳는 과정을 모두 옆에서 지켜보았다. 탄생의 순간순간이 경이로운 건 말로 다 할 수 없을 뿐 아니라, 고통을 이겨내고 견디는 그 모습은 과연 강함의 최고봉이라 할 수 있다. 어머니의 정신력에는 자녀를 향한 무한대한 사랑이 내재하여 있다. 본능에서 나오는 이 사랑이야말로 진정한 강인함일 것이다.

종합병원에서 봉직의를 6년간 했었다. 그리고 어느덧 개업해야 할 시점이 되었다. 그러나 개업에 대한 자신이 서지를 않았다. 주춤하며 용기를 내지 못하고 있을 때도 아내는 단호한 결단력으로 어려운 여건이었지만 개업할 수 있도록 용기를 주었다. 혼자 있었다면 나의 우유부단한 성격이 종합병원에서 봉직의 근무를 택했을지도 모른다. 모두 아내 덕분이라고 생각한다.

개업했을 때 물리치료사를 구하지 못해 속이 탈 때가 있었다. 그때 아내는 물리치료학과에 들어가서 국가고시에 합격하고 물리치료사로서 나와 함께 근무했다. 한 치의 주저함이 없었다. 어려운 업무를 처리하든 개인적인 위기에 직면하든 아내는 항상 평정을 유지하고 상황에 대처했다. 아내의 힘은 인생에서 가장 힘든 순간에 나와 우리 가족에게 위안과 용기의 원천이었다.

아내와 내가 부산으로 1박 2일로 여행을 간 적이 있었다. 전철을 타고 시장으로 가고 있는데 앞에 앉아있던 술에 취한 사람이 계속 시비를 걸었다. 다른 사람에게 시비를 거는 것도 아니고 오직 나에게만 시비를 걸었다. 이유는 배가 나왔다는 이유였다.
"자식이 배만 나와서 뭘 얼마나 처먹은 거야"
"혼자만 먹으니까 배가 저렇게 튀어나오지!" 주정뱅이는 한참을 서서 주절주절했다.

이런 황당할 때가 있는가. 가만히 있으면 잦아들려니 했지만, 말하는 욕의 강도가 더 심해져 갔다. 그럴 때 서부영화의 총잡이들처럼 응징해야 했을까도 생각했지만, 자리에서 일어나려는 나를 아내는 내 소매를 잡고 자리에 앉혔다. 시비에 휘말릴 수도 있었지만 대수롭지 않게 상황을 넘길 수가 있었다. 결혼하기 전이라면 분을 참지 못하고 날아 이단 옆차기를 했을지도 모른다. 결국, 경찰서에 가서 합의를 보거나 해서 여행의 즐거움은 모두 사라졌을 것이다. 그 몇 분을 참음으로써 아무 일도 아닌 일이 되어 버렸다. 누가 싸움을 잘하고 못하고의 문제가 아니고 얼마나 아무 일도 아닌 것같이 상황을 종료하냐에 달린 것이다. 아내가 나의 손을 잡고 지긋이 끄는 힘이 그냥 지나가는 일이 되게 했다. 여행은 자갈치 시장과 부산의 국제시장을 돌아 무사히 마칠 수가 있었다.

젊은 시절에는 잦은 회식과 모임으로 술을 마시는 때가 많았다. 술을 마신 다음 날은 많이 힘들어했다. 누구나 그런 과정을 거치는 거라고 여겼었다. 자제해야 했지만, 뜻대로 되지 않고 같은 생활의 연속이었다. 그러다가 2019년 11월 23일 토요일이었다. 고모님과 사촌들과 저녁 약속이 서울에서 있었다. 서울의 곱창집에서 이런저런 이야기를 하고 술을 마셨다. 식당에서 술을 잘 마시고 헤어졌다. 서산 오는 버스를 타고 집으로 왔다. 그런데 다음 날 버스를 타고 온 것이 기억나지 않았다. 아내는 옆에서 있었는데 나에게 따끔하게 충고했다.

"당신 절대 술을 마시면 안 되겠다, 버스 안에서도 횡설수설하고 도무지 정상으로 보이지 않았어." 그러는 것이었다.

지금까지 아내는 한 번도 술을 끊으라는 말을 한 적이 없었다. 하지만 지금 그런 말을 하는 아내의 눈에는 슬픔이 묻어 있었다. 그 이후로 나는 술을 끊었고 지금까지 술을 마시지 않고 있다. 아내의 말이 아니었다면 아내의 회초리보다 더 강한 눈빛이 아니었다면 지금도 나는 술을 마시고 있었을지도 모른다. 얼마나 많은 것을 나는 아내에게 고마워해야 할까.

아내는 정말 강하고 놀라운 사람이다. 내 인생에서 그녀가 나의 파트너인 것에 대해 매일 감사하고 있다. 아내는 내가 더 나은 사람이 될 수 있도록 옆에서 인도해 줄 것이고 또 다른 장막이 가로막는다고 해도 절대로 포기하지 않도록 영감을 줄 것이다.

탈무드에는 이런 이야기가 있다. 한 소년이 가장 위대한 사람을 만나기 위해 집을 떠나 여행을 하고 있었다. 소년은 몇 년 동안 깊은 숲과 계곡을 헤매고 모래사막을 휘청거리며 다녔지만 위대한 사람을 찾을 수 없었다. 지친 소년은 산길을 헤매다가 주저앉았다. 바로 그때 소년의 앞에 한 노인이 나타났다. 흰 수염을 가진 노인의 풍모에는 왠지 모를 고상한 인품이 느껴졌다.

소년은 '혹시 저분이 내가 찾는 위대한 사람이 아닐까?' 하고 생각했다. 그런데 노인이 먼저 말을 걸어왔다.

"얘야, 무엇 때문에 그리 헤매느냐?"

"저는 세상에서 가장 위대한 사람을 만나고 싶어서 이렇게 돌아다니는 중입니다."

노인은 소년을 바라보며 빙그레 웃었다.

"내가 그 사람이 어디 있는지 가르쳐 주랴?"

"네!"

소년은 너무 기뻐 소리 질렀다.

"지금 곧장 집으로 가거라. 그러면 너희 집에서 신발을 신지 않은 한 사람이 뛰어나올 것이다. 그 사람이 바로 네가 찾는 세상에서 가장 위대한 사람이니라."

머리를 조아려 거듭 감사를 표한 소년은 얼른 자기 집을 향해 정신없이 달려가기 시작했다. 몇 날 며칠을 숨이 차게 달음박질한 끝에 소년은 비로소 집에 도착했다. 집을 떠난 지 근 5년 만이었다. 위대한 사람을 빨리 만나고픈 마음에 소년은 집 문을 두드리며 소리쳤다.

"세상에서 가장 위대한 사람이여, 어서 나오세요!"

그러자 안에서 누군가 후다닥 문을 열고 뛰어나왔다. 눈물과 미소가 뒤섞인 얼굴로 신발도 신지 않고 맨발로 뛰어나온 이 세상에서 가장 위대한 사람, 그 사람은 다름 아닌 바로 소년의 어머니였다.

지금도 여러 유형의 강함을 추구하는 사람을 보게 된다. 무술을 연마하여 세상에서 가장 강한 사람이 되려 하는 사람도 있고, 빌 게이츠니 스티브 잡스를 떠올리면서 막강한 부를 가진 사람을 따라가려는 사람도 있으며, 술자리에서 몇 병을 먹었는가로 주량을 자랑하는 사람들을 흔히 보게 된다.

하지만 나는 알고 있다. 진정 강함은 진정한 위대함은 그런 것에 있지 않다는 것을 말이다. 내 옆에서 묵묵히 나를 바라봐주는 아내야말로 최고로 강하고 존귀한 존재라는 것이다.

뭣이 중한디! 뭣이 중허냐고!

2016년에 곽도원, 황정민, 천우희, 김환희 등이 등장인물로 나오는 영화 〈곡성〉의 대사이다. 극 중에서 곽도원의 딸로 나오는 '효진'이 아빠의 질문에 대답 대신 "뭣이 중한디! 뭣이 중하냐고, 뭐가 중요한지 알지도 못하면서."라고 말하는 장면이 나온다. 딸이 어디가 아픈지보다 형사로서의 본인 역할에 치중한 질문에 대한 답이다. 지금 우리에게도 큰 소리로 질문하는 것 같다.

또 다른 영화를 보면 큰 집에는 금고가 있고 그 금고 안에는 현금과 장부, 금과 골동품 같은 것들을 보관하고 있다. 모든 집이 그렇지는 않을 것이지만 말이다. 큰 지진이 나서 급작스럽게 집에 무너진다면 집에서 무언가를 가지고 나갈 시간적인 여유가 없을 것이다. 그러나 불이 나면 귀중품이 있는 곳으로 뛰어가 가지고 피신해야 한다.

어린 시절에는 집에 귀중품이 많이 있는 줄 알았다. 간혹 옷장이나 서랍을 뒤져보곤 했었다. 그러면 아버지가 보관하는 카메라가 있었다. 농 안에는 작은 단지에 홍어 삭힌 것을 넣어놓고 술을 마실 때 꺼내 드셨다. 맛있는 줄 알고 냄새를 맡아보았다가 기절할 뻔했다. 음식이 아닌 똥 덩어리가 들어있는 줄 알았다. 누구에게나 그런 각자의 보물이 있는 것이다. 그 당시 나의 가장 귀중한 것은 딱지와 구슬, 양철로 만든 계급장이었는데, 할 일이 없으면 밤에 그것들을 헤아려보곤 했었다. 얼마나 뿌듯했는지 모른다. 세상을 다 가진 기분이 들 정도였다. 내 친구 중의 한 명은 큰 칼을 침대의 베개 아래에 두고 잔다고 한다. 그 친구에게는 소중한 무엇을 지킬 칼이 필요한지도 모른다.

칼국수 장사를 하던 할머니가 있었는데 장사가 끝나면 하루 동안 번 돈을 집에 오자마자 자루에다가 넣고 보관하고 있었단다. 그 사실을 아는 사람이 그 돈을 모두 훔쳐 간 적이 있었다.

쓰레기장에 버려진 침대에서 엄청난 현금다발이 발견되기도 했다. 사람들은 집에다가 금을 보관하거나 골동품을 보관하기도 하고 요즈음은 그림을 많이 보관한다. 국내 굴지의 그룹 회장이 세상을 떠나고 그림을 남겼다. 무수히 많은 그림을 간직하고 있어서 하나의 도시에 전람회관을 만들기도 했다.

화재보험을 들었다. 평소 알고 있는 보험회사 직원이었다. 보험 가입을 위해 내용을 하나씩 설명을 해주었다. 나는 듣고 있었다. 이웃집으로 불이 번져서 재산 피해가 나면 얼마까지 보상이 되고, 이웃집 사는 사람이 화상으로 다치면 얼마까지 보상할 수 있다는 설명을 했다. 또 설명이 이어졌다. 집에 귀중품이 있으면 미리 말하라고 한다. 그래야 잃어버렸을 경우 보상이 가능하다고 한다. 나는 우리 집에는 귀중품은 없지만, 만약 귀중품을 말하라고 한다면 '마누라'라고 했다. 그랬더니 보험회사 직원은 웃으면서 말했다. 마누라가 무슨 귀중품이에요 마누라는 절대로 누가 훔쳐 가지도 않지만 만약에 없어졌다면 그것은 스스로 걸어서 나간 것일 거라는 거였다. 그러거나 말거나 우리 집의 귀중품은 나에게는 마누라였다. 마누라만 업고 뛰면 된다.

유대인의 지혜가 담긴 책인 〈탈무드〉에도 이와 비슷한 이야기가 나온다. 어느 한 마을이 전쟁으로 인해 상대방의 군대에 포위당했다고 한다. 이 마을 사람들은 꼼짝없이 포로가 될 형편이었다. 사람들이 저마다 살길이 없을까 하고 두려워하고 있을 때 적군의 장수가 마을을 향하여 소리쳤다. "성인 남자들은 모조리 우리의 노예로 삼을 것이다. 그러나 여자들은 특별히 풀어줄 것이니 이 마을을 속히 떠나라. 그대들에게는 특별히 인정을 베풀어줄 것이니 소중히 여기는 보물 한 개씩만 지니고 나가도록 허락한다."

그래서 여자들은 마을을 떠나며 모두가 가장 소중히 여기는 보물 한 가지씩을 들고 나섰다. 그중에는 금반지, 목걸이, 은수저 등이 있었다. 그런데 허약해 보이는 한 여인은 커다란 보따리 하나를 질질 끌고 나가는 것이었다. 검문하던 장수가 수상히 여겨 보따리를 헤쳐보니 웬 남자 한 명이 보따리 안에 웅크리고 앉아 있었다.

"이건 누군가?"

여인은 대답했다.

"네, 제 남편입니다."

"왜 그대는 명령을 어기는가? 둘 다 죽고 싶은가?"

적의 장수가 위협을 가하자 여인은 간절하게 대답했다.

"제게 가장 소중한 보물은 제 남편입니다. 명령대로 내게 가장 소중한 보물을 하나 지니고 나가는 것이니 나를 보내주십시오."

적군의 장수는 마음에 큰 감동을 하였다.

그 연인의 지혜와 남편에 대한 사랑에 감동하여 남편을 데리고 나가도록 허락했다.

인생에 있어 과연 중요한 것은 무엇일까? 정확한 정답을 찾기는 어려울 수도 있다. 나는 10대 때는 공부가 인생에서 가장 중요한 것으로 생각했다. '4당 5락'(4시간 자면 붙고 5시간 자면 떨어진다는 말)이라 책상 앞에 써 붙이고 공부했다. 공부하면 할수록 재미있고 성취감도 있었다.

20대에는 사람과의 관계에 최선을 다했다. 선후배와의 관계와 친구들과의 관계 등 사람과 모임이나 어울림에 빠지지 않았다. 축구도 열심히 하고 음악도 악장까지 할 정도로 열심히 했다. 무엇을 하든 시간은 쏜살같이 흘러갔다.

30대에는 환자 진료를 가장 중요시했다. 전공의 시절이 있었고 봉직의 시절이 있었다. 당직과 수술과 응급환자 진료에 정신없이 시간이 지나갔다. 중환자실에서 며칠을 밤을 새우는 일도 있었다. 그렇게 고생하며 환자 옆을 지켰지만, 중환자는 끝내 돌아오지 못하는 경우도 많았다. 봉직하면서 외과 과장으로 많은 수술을 했다. 80세 할머니가 에스컬레이터를 타다가 엉덩방아를 찧으면서 넘어졌는데 3일이나 지나 폐혈증으로 응급실로 내원하셨다. 거의 의식이 없었고 혈압도 낮게 잡히는 상황이었다. 복강 내 창자의 파열이 의심되어 응급수술을 했다. 역시 작은창자에 천공이 되어있었고 봉합 후 수술을 잘 마칠 수 있었다. 대학 병원 같은 시스템을 갖지 않은 의료원에서 수술 후 환자 케어는 쉽지 않았다. 수술 후 환자의 의식이 없었고 깨어나기 위해서는 인공호흡기를 달고 지켜보아야만 했다. 그렇게 5일간을 옆에서 밤을 새우며 인공호흡기를 조절하며 지켜보았다. 할머니는 5일 후 서서히 의식이 돌아오고 호흡이 돌아와서 정상적인 퇴원을 하실 수 있었다.

그리고 40대가 되어 개업했다. 봉직의 할 때만큼 전신마취 수술은 하지 않아도 새로 시작한 개업 의사의 임무는 분명한 것이었다. 내가 가지고 있는 의술로 나의 외래로 찾아오는 환자를 진료하는 것이었다. 그렇게 20년이 흘렀다. 최선을 다해 살아왔으므로 후회는 없다.

60대가 되어 가장 중요한 것은 가족이었다. 세월이 흐르고 시간이 지나갈수록 가족의 존재는 얼마나 중요하고 소중한 존재인지를 점점 더 깨닫게 되었다. 30대 이후 내가 수술을 하거나 진료를 할 때도 가족은 내 옆에 항상 있어 주었다. 내가 가장 어려울 때 나를 외면하지 않고 나에게 힘을 주고 함께하려 했었다.

사람이 살아가는 데는 여러 관계적인 요소가 있을 수 있다. 친구나 직장이나 그 속에서 만나는 사람이 있을 것이다. 그런 사람들과도 사이좋게 잘 지낸다면 더 좋을 수도 있다. 실제로는 모든 사람과 다 잘 지낼 수는 없는 것 같다. 친구의 만남을 소중히 하며 가족과의 관계가 소홀하게 될 수도 있고 취미 생활에 심취하다 보면 중요한 다른 것을 간과할 수도 있다.

나는 그 중심에 가족을 두었다. 가족 사랑은 나 자신의 사랑으로부터 시작되어야 한다.

명절의 햄버거

어린 시절에는 제사를 지냈다. 아버지는 5대 독자이셨다. 아버지는 형제가 없으셨기 때문에 우리 6남매를 데리고 제사를 드리셨다. 제사를 마치면 성묘를 하기 위해 시골로 가야 했다. 아버지는 장남인 나와 함께 버스를 2시간가량 타고 할아버지 묘소를 찾아갔다. 이제는 모두 지나간 시간이고 추억 속에만 남아있다. 시간 속의 그런 장면이 우주로 나아가 어딘가로 가고 있을 것이다. 빛보다 빠른 로켓이 만들어진다면 그것을 타고 우주로 달려나가 그 시간 속의 장면을 볼 수 있을지도 모른다.

전공의 시절에는 명절을 챙길 수가 없었다. 응급환자에 대비해서 응급수술을 준비해야 하는 외과의 특성상 명절은 잊고 사는 계절이었다. 외과나 응급의학과 등 필수의료의 의사들은 당직을 서는 것을 당연한 것으로 여기고 있었다. 지금은 세월이 흘렀고 그런 당연한 생각을 당연하게 생각하지 않고 있다. 사람의 생각이 변했다기보다는 세월이 그렇게 만든 것이다. 모든 것이 변하는 세상이다. 의료도 그에 따라 변화하고 있다.

어머니와 나는 교회를 다녔고 아버지를 전도하려 했지만 끝내 전도하지 못했다. 아버지께서 돌아가신 지 25년이 되어가고 있다. 지금은 명절날 추도예배를 드리고 있다.

대전에는 비가 온다고 남동생과 전화 통화를 했다. 여기 서산에는 비가 오지 않고 화창한 편이다. 명절날이면 대전에 사시는 어머니를 모시고 동생 식구가 서산으로 온다. 손님을 맞이하는 기쁨도 있겠지만 무엇을 준비할지 고심하기도 한다. 무엇을 준비하든 최고의 음식을 준비할 마음 준비는 되어있다. 나도 그렇고 아내도 그런 마음일 것으로 짐작한다. 매년 해오던 일이다. 오늘은 특별한 상을 아내가 준비했다, 추석 상이라고 하기에는 너무나 특별한 그 어디에서도 찾아보기 힘든 상이다. 다른 나라에서도 이런 상을 찾기 힘들다. 외국도 햄버거로 명절날 아침을 차리지 않는다. 하지만 아내는 오래전부터 계획하고 준비한 일이었다.

우리는 햄버거에 대한 유래는 잘 알지 못한다. 빵과 빵 사이에 고기 다진 것과 채소를 넣어서 먹는 음식 정도로 알고 있다. 언제부터 먹었는가를 생각해보면 군대에서 훈련을 받을 때 접했던 것 같다. 우리 음식과는 가까운 듯 먼 음식 정도로 생각하고 있다. 조합 자체는 내가 다 좋아하는 음식들로 이루어져 있다. 빵과 고기와 채소로 이루어졌다.

그 음식을 만들기 위하여 어제 소스를 찾으러 여러 마트를 뒤져봤지만 찾지 못했다. 그래도 있는 소스로 아침을 차렸다. 아내가 준비한 음식의 주인공은 햄버거였다. 빵으로 고기 패티와 채소를 양쪽에서 둘러싼 바로 그 음식이다. 아내가 해서 그런 것은 아니다. 나도 이렇게 맛있는 햄버거는 먹어본 적이 없다. 더욱이 빵도 만들어진 것을 사다 하지 않고 직접 만든 빵이었다. 빵부터 안의 패티까지 모두 아내가 만든 요리다. 그중에도 신의 한 수라고 할 수 있는 양파는 정말 맛이 좋았다. 나는 양파를 아주 좋아한다. 담백하고 고소하면서 느끼함까지 잡아주는 햄버거였다. 어머니도 제수씨도 동생도 모두 좋아했다. 거기다가 오징어 국과 송편과 떡까지 완벽한 아침이었다. 좋은 음식을 추석날 먹어서 완전 스트레스가 날아갔다.

아내는 이렇게 음식을 준비하는 것이 예전에 준비하던 것보다 훨씬 간편하고 어렵지 않다고 한다. 예전처럼 제사를 지내지는 않지만, 보통 명절 때는 기본 음식을 준비했다. 아내의 말로는 일단 추석에 하는 나물이 문제라고 한다. 고사리, 신숙주, 무나물 등 여러 가지 나물을 하고 또 보관하는 이런 과정이 힘들게 하는 요인이라고 한다. 또한, 각종 전은 어떤가? 동그랑땡과 명태전과

산적들을 만들기 위해서는 밀가루와 각종 재료를 펼쳐놓고 프라이팬에 기름을 두르고 지지고 볶고를 한나절은 해야 한다. 허리를 구부리고 하는 일이 다반사다. 하고 나면 왜 아픈지도 모르게 통증이 오는 힘든 일이다. 매년 반복되는 일이다. 조카 중에 동그랑땡이라는 별명을 가진 녀석이 있어서 동그랑땡은 꼭 하는 편이다. 그래도 우리 집은 남자 여자 할 것 없이 같이하는 편이다. 뒷정리는 여자의 몫이다. 남자는 깔끔하게 설거지며 청소를 하지 못한다.

어떤 해는 온 가족이 펜션을 빌려 식사를 하고 1박한 적이 있었다. 펜션에서 음식을 다 같이 준비하고 추석 예배를 드렸다. 홀가분하기보다는 집 놔두고 엉뚱한 곳에 있는 기분이었다. 추억은 되었지만 두 번 다시 하고 싶지는 않았다. 하지만 기회가 되면 다양한 명절을 보낼 생각을 가지고는 있다.

이번에 추석 상으로 햄버거를 차린 것은 즉흥적으로 이루어진 것은 아니다. 이것을 위한 공부였는지는 모르지만, 아내는 이 햄버거의 빵을 만들기 위해 그동안 전국을 다니면서 배웠다. 만약 이런 기본이 없었다면 어찌 감히 추석에 햄버거를 차릴 생각을 할 수 있었겠는가.

빵을 만드는 것을 배우기 위해 전국 잘한다고 하는 곳은 아무리 멀어도 배우러 갔다. 내가 태워주고 아내가 교육을 받는 동안 나는 밖에서 기다렸다. 성남에서 배우면 성남의 명소를 구경했다. 백화점이나 도서관 같은 곳에 가서 시간을 보내다가 아내가 교육을 다 받으면 다시 차를 운전하고 집으로 왔다. 아이들의 교육을 위해 학원에 데려다주고 데려오고 하는 일도 몇 년을 했지만, 아내의 빵 수업을 위해서 2년 이상 전국을 누비고 다녔다.

그 결실이 오늘 어머니의 얼굴에 동생의 입가에 제수씨의 손에 묻어나오고 있었다. 세상 이런 햄버거는 보지도 먹어보지도 못했다고 한다. 햄버거를 차린다고 했을 때, 조카는 맥도날드나 버거킹을 말하는 줄 알았다고 한다. 전업주부가 아닌 직장을 다니는 주부로서 이런 맛있는 햄버거를 만들어 줄지 몰랐다고 모두 감탄했다.

접시가 모두 깨끗이 비어있었다. 그리고 접시만 닦아서 식기세척기에 넣기만 하면 되었다. 아내의 말대로 무척 간단했다. 나물이나 전이 없고 따로 특별한 음식이 없으니 치우기도 간편했다. 설거지는 나와 남동생이 한다고 했더니 따로 할 것 없다고 딸과 아내와 제수씨가 했다.

우리나라에서 추석과 설은 큰 명절이다. 이때 가족들이 모여서 얼굴을 한 번씩 보게 된다. 하지만 가만히 보면 전통적인 것도 있겠지만 같이 모여 즐기는 사람 있고 부엌에서 일만 하는 사람이 따로 있다. 그런 것을 여태껏 당연시해 왔다. 주방 싱크대에서 기름 묻은 접시 10개를 퐁퐁으로 문질러 닦아보라. 어딘가 모르게 식은땀이 나고 어깨가 아프고 허리가 결릴 것이다. 역시 생각해 보면 힘든 일이다. 어디 눈치 보여 방안에서 편안하게 누워있을 수도 없다. 여태껏 해온 일이므로 당연하다고 하지 마라. 세상에 당연한 것은 하나도 없다. 힘든 것은 힘든 것이다. 네가 힘들면 나도 힘들고 모두가 힘든 것이다. 고칠 것은 고쳐나가야 한다. 우리가 추구하는 것은 무엇인가. 누구나 행복할 권리를 찾고 평등한 삶을 누리는 것 아니겠는가.

헌신적인 아내도 명절만 오면 이런저런 생각에 안절부절못할 때가 있었다. 하지만 새로운 햄버거 요리로 또 다른 명절을 경험했다. 다 같이 행복하고 편안한 명절이 되었으면 한다.

업어치기냐 메어치기냐

대전에서 27년 정도 살았다. 초중고, 대학교를 대전에서 졸업했다. 대전에 대해서 알 만큼 안다고 할 수 있다. 다른 도시와 다른 점은 향기가 다르다고나 할까. 항상 다른 도시에 있다가 대전에 가면 무언가 포근하고 아지랑이 같은 나를 감싸는 향기가 있다. 서산에서는 대전에서보다도 더 오래 살았지만, 아직 그런 냄새를 맡아보지 못했다.

대전의 음식이라고 하면 첫 번째로 떠오른 것이 있다. 맛이 있는 것은 당연하고, 값이 무척 싸다. 지금도 대전을 가면 이 음식을 먹기 위하여 들르곤 하는 곳이다. 골목길에 아직도 똑같은 방식으로 똑같은 음식을 팔고 있었다. 이름도 특이하다. 다른 도시에 가서 이런 음식이 있냐고 물어보면 그게 뭐냐고 되묻는다.

대학 병원에서 인턴 시절 지금의 아내와 사귀고 있을 때 당직을 서지 않는 날이면 시내에 가서 이 음식을 먹곤 했다. 아내의 고향은 충북 제천인데도 이 음식을 먹어보지 못했다고 했다. 이 음식을 먹고 나서 나와 똑같이 좋아했다. 참 신기하기도 하지, 그 맛이라는 것이 별것이 아니다. 두부와 고춧가루와 파만 들어간 것 같은데 그렇게 사람을 끄는 매력을 가지고 있었다. 눈치를 챘겠지만 이름은 두부 두루치기이다. 업어치기도 메어치기도 아닌 두루치기이다. '두부 두루치기'.

ChatGPT에 물어보니 다음과 같은 답변이 나왔다.

대전에서 유명한 두부 두루치기는 지역의 대표적인 향토 음식으로, 부드러운 두부를 매콤한 양념에 자작하게 졸여낸 요리입니다. 밥반찬이나 술안주로 인기가 높으며, 대전의 구도심인 중앙로와 대전역 인근을 중심으로 많은 식당에서 즐길 수 있습니다.

퇴근 후 매일의 루틴으로 저녁 운동을 하러 나갔다. 운동이야 동네를 한 바퀴 도는 것이다. 운동하는 시간에 아내는 음식을 만들고 있다. 음식의 이름은 오징어 두부 두루치기다. 오징어도 맛있는 음식이고 두부도 맛있는 음식이다. 이 두 가지를 잘 조합하여 훌륭한 음식을 요리하고자 하는 것이다. 이미 대전에서는 알려진 유명한 음식이다. 대전에 가면 그 식당에 들러 예전의 향수를 떠올리곤 한다. 집에서 만들어도 그 맛이 날까? 아내의 손맛은 그 이상일 수도 있다.

　육수를 내고 오징어를 넣고 채소를 넣고 두부를 넣으면 된다. 어렵지 않은 요리다. 그렇지만 항상 계획한다고 음식이 다 되는 건 아니다. 음식을 순탄하게 하기 위해서는 차분한 마음과 집중도 필요하다. 음식을 하려고 재료까지 다 사놓았다. 음식을 하려고 준비하고 있을 때 아내의 친구로부터 전화가 오면 아내는 음식 재료들을 그대로 놓아두고 친구와 커피를 마시러 나간다. 하던 음식을 끝내고 나가는 것이 아니라 그대로 나간다. 재료만 덩그러니 싱크대에 자리를 차지하고 있다. 쓸쓸하게 주인을 기다리면서. 그러면 저녁 준비는 없던 것이 되고 혼자서 저녁을 차려 먹어야만 한다.

　그만큼 요리는 한 번 얻어먹기 힘든 일이다. 아내가 친구를 만나러 나가는 것을 말릴 수는 없다. 요리는 매일 하지만 친구는 항상 만날 수가 없다는 것이 아내 지론이다. 나 하나만 눈을 감고 지나가면 모든 사람이 편안하다. 왜 못 참겠는가? 참을 수 있다. 살을 빼기 위해 다이어트를 한다고 생각하면 된다.

　나도 두부 오징어 두루치기를 못 하는 것은 아니지만 그래도 아내가 해준다고 했으니까, 참으면서 다른 반찬을 찾아 먹어야 한다.

다행히 오늘은 전화만 왔다. 전화를 받으면서 요리하고 있었다. 이론은 단순해도 과정이 복잡하다. 두루치기는 두루치기대로 해야 하고 면은 면대로 삶아야 하는 일이다. 전화를 받으면서 음식 하기에는 무리가 있어 보였다. 전화를 끊고 음식을 다 하고 다시 전화했으면 좋겠는데 아내는 그렇게 하지 않았다. 내가 손 신호로 전화를 끊는 시늉을 했지만, 아내는 웃어 보이면서 끊을 수 없다는 표시를 했다. 절친 전화였고, 매일 전화하는 친구다. 대부분, 친구의 화나는 일을 받아주는 그런 내용의 전화다. 나는 은근히 음식은 정성인데, 걱정했다.

결국, 여러 우여곡절 끝에, 밥과 면과 두루치기가 나왔다. 맛이 상상하는 맛이 아니었다. 아내는 맛이 어떠냐고 계속 물어왔다. 본인도 먹으니까 맛을 알 텐데 나에게 물었다. 맛이 없고 있고를 떠나서 대답은 일단 잘해야 한다. 고개를 끄덕였다. 좋다는 것도 나쁘다는 것도 아니었지만 아내는 나쁘지 않은 것으로 받아들인 것 같다. 그리고 나는 한마디 했다. "음식은 결과물보다는 과정이 중요합니다. 얼마나 정성이 들어갔고 손맛이 들어갔는지가 중요합니다." 아내는 말뜻에는 신경을 쓰지 않는 듯했다. "맛있다는 거야, 뭐야?"라고 했지만 뒷말은 더 하지 않았다. 말하지 않고 음식을 다 먹으면 아내는 더 뭐라고 하지는 않는다.

저녁은 잘 넘어갔다. 내가 좋아하는 음식이었기 때문이다. 만약 여기서 음식에 대하여 평가를 한다면 어떻게 되겠는가? 너무

싱겁다거나, 육수의 맛이 우러나지 않았다거나 하는 말을 했다면 아내는 앞으로 이런 음식조차 해주지 않을지도 모른다. 그러니 음식을 먹고서는 함구해야 한다.

남편으로 살아가기 위해서는 아내가 무엇을 해주든지 묵묵히 먹어주는 인내가 필요하다. 그것이 가정의 평화를 위한 일이다.

인생을 살아가면서 아내의 행동에 아내의 말에 상처를 받을 수 있다. 그건 아내도 마찬가지다. 그럴 때 우리는 어떻게든 잘 극복해 나가야 한다. 나의 고집을 앞세우지 말고 아내의 의견을 아내의 음식을 칭찬해 주어야 한다.

인터넷에 어느 시어머니께서 결혼식 축사를 하는 모습이 올라온 것이 있었다. 너무 감동한 축사이므로 인용하여 본다.

> 사랑하는 철수야 영희야.
> 서로 다른 두 사람이 만나 서로 알아가는 긴 여정을 시작하겠다는 너희들의 말이 참 좋더라.
> 남편과 아내로 긴 여정을 시작하겠다는 것이.
> 그래서 말인데 철수야 그 긴 여정 행복하게 살아가려면, 내가 지금까지 살아오면서 좋다 옳다 맞는다고 생각했던 것들 영희 앞에서 박박 우기지 마라
> 남편으로 살아가는 데는 유연한 지혜가 필요하단다.

영희 앞에서는 가능하면 응 그래 알았어, 이런 말을 많이 하면서 살아가거라.

그러면 행복할 확률이 99%란다.

'이 사람이 내가 생각했던 사람이 맞아?' 하는 마음으로 보게 되는 순간들이 있을 거야.

그럴 때 잊지 마라, 너희들의 첫 마음을.

사랑하는 마음, 아끼는 마음, 이해하는 마음을.

자세히 보아서 더 예쁘고 오래 보아서 더 소중하게 여기는 두 사람이 되길 바란다.

결혼 안 했으면 큰일 날 뻔했구나, 하는 생각이 들 정도로 잘 살아가거라.

영희야 우리 앞에 와주어서 고맙다.

나는 두루치기의 정의를 이렇게 내리고 싶다. '음식 재료를 골고루 두루두루 섞는다.' 한 가지의 재료가 툭 튀는 맛이 아니라 서로 어울리고 서로 버무려져서 재료 고유의 맛이 없어지지 않고 같이 어울리는 음식이라는 의미이다. 우리의 인생도 이와 다르지 않다. 화합되고 평화로운 가정을 이루어 나가기 위해서는 혼자만의 주장을 너무 내세워서는 안 된다. 두루치기를 맛있게 완성하기 위해서는 불 조절을 잘해야 하고 적당한 양념을 넣어야 하며 육수도 튀지 않게 끓여야 한다. 나 자신을 강함을 억제하고 서로가 하나의 삶을 이루기 위해 헌신하지 않으면 안 된다.

오늘도 우리는 두부 두루치기의 그 완벽한 맛을 생각하며 인생을 살아가야 할 것이다.

둔감하다는 것의 신비

망각이 없는 삶은 힘든 삶이다. 삶을 팍팍하게 만든다. 그러므로 누구에게나 망각은 꼭 필요하다. 망각은 기억에 대해 둔감한 것을 말하기도 한다. 우리는 보통 둔감하다고 하면 긍정적인 것보다는 부정적인 이미지를 더 많이 가지고 있다. 하지만 어떤 의미에서의 둔감함은 꼭 필요하다고 하겠다.

둔감력이란 무엇일까. 『나는 둔감하게 살기로 했다』의 저자인 와타나베 준이치는 '둔감력이란 긴긴 인생을 살면서 괴롭고 힘든 일이 생겼을 때, 일이나 관계에 실패했을 때, 그대로 주저앉지 않고 다시 일어서서 힘차게 나아가는 그런 강한 힘을 뜻합니다'라고 정의한다.

무책임함을 뜻하는 것도 아니고, 외부현상에 관심이 없다는 것을 말하는 것도 아니다. 자극이 가득한 세상을 잘 살아가게 하는 것이다. 나는 모임에 나가 다양한 사람을 만나 이야기를 나누면 그 내용이 며칠간 뇌리에서 떠나지 않는다. 모임에 나가면 다양한 사람이 다양한 의견을 고심 없이 털어놓는다. 사실인지 사실이 아닌지 검증도 되지 않은 이야기다. 가벼운 마음으로 듣고 흘러가게 두면 된다. 흘러가는 물처럼 살기가 그래서 어려운가 보다.

고려시대 공민왕의 스승인 나옹선사의 시가 있다.

청산은 나를 보고 말없이 살라 하고
창공은 나를 보고 티 없이 살라 하네
사랑도 벗어놓고 미움도 벗어놓고
물같이 바람같이 살다가 가라하네

청산은 나를 보고 말없이 살라하고
창공은 나를 보고 티없이 살라하네
성냄도 벗어놓고 탐욕도 벗어놓고
물같이 바람같이 살다가 가라하네

사람들이 말한 어떤 문장은 날아가다가 내 심장에 와서 콕 박히고 만다. 심장에 박힌 그 말은 끝내 제거하지 못하고 며칠 마음속을 헤집고 다닌다. 이럴 때 듣고 그냥 넘기는 둔감함이 있었다면, 아니면 망각을 한다면 마음 편히 집에 와서 잠을 잘 수 있을 것이다.

응급실에서 환자를 진료할 때 교통사고를 당하여 사망하여 내원한 참혹한 모습이 뇌리에서 떠나지 않는다. 빨리 잊고 또 다른 환자를 본다면 좋겠지만 그렇지 못하고 전에 보았던 장면이 뇌에서 떠나지 않는다. 너무 민감하게 반응을 하기 때문이다.

한 달에 두 번 요양원을 방문한다. 어르신의 건강을 돌보기도 하고 진료를 하고 처방을 내기 위함이다. 평균 연령 95세쯤 된다. 처음에는 모두 누워계시고 비슷한 용모에 비슷한 질환에 조금씩 치매를 앓고 계신 분들이다. 일반적으로 뭐 하나 특별하지 않으신 어르신들이다. 하지만 내가 요양원을 한 달 두 달 방문하면 그 어르신들이 일반 할머니가 아닌 누구보다도 인생을 잘 살아오시고 지금도 훌륭하게 살고 계시다는 것을 알 수 있다. 몸이 되면 요양원 앞 화단에는 꽃이 활짝 피어 있다. 요양원에 들어가면 어르신들의 모습이 꽃보다 아름답다는 것을 느낄 수 있다. 그러나 어르신들은 연세가 많으시므로 만난 지 얼마 시간이 되지 않아 돌아가신다. 지금 5년 정도 진료를 하고 있으니 그동안 만나고 돌아가신 어르신들이 나의 마음속에 살아계신다.

지금 주변 사람을 떠올려보라. 여러 사람이 똑같은 문제로 비난을 받았다. 나의 경우는 잠들 때까지 계속 곱씹고 떠올려 잠을 제대로 못 잣는데, 다른 사람들은 돌아서 금세 잊어버리고 다시

열중한다. 그런 사람 중에 아내는 단연 최고다. 둔감하기도 하고 망각하기도 하며 심지어 뇌를 포맷하기도 한다.

내가 중학교 2학년 때 학교에서 공부하다가 친구의 안경이 바닥에 떨어지는 일이 있었다. 안경을 주워주려고 허리를 굽히는데 갑자기 친구가 방귀를 뀌었다. 직통으로 방귀 냄새가 나의 코로 스며들었다. 머리가 띵하면서 속이 울렁거렸다. 급기야 화장실로 뛰어가서 토를 하는 수밖에 없었다. 그때의 그 냄새가 지금도 코와 머릿속에서 맴돌고 있다. 얼마나 후각에 대하여 예민한 것인가.

하지만 아내는 그렇게 예민하지 않다. 만약 아내의 머릿속이 포맷되지 않는다면 우리의 삶은 순탄치 않을 것이다.

30대 때는 어쨌든 노래방을 많이 가게 된다. 가지 않을 수가 없다. 모임이 여러 개 있으니 1차를 하고 2차를 가는 것은 당연하다. 2차는 맥주를 마시면서 이야기를 하기도 하고 간혹 노래방을 갈 때도 있다. 노래방에 가면 도우미가 있다. 이분들은 진한 향수를 뿌리고 나와서 정신이 없게 만든다. 노래하고 술을 마시다 보면 도우미들의 향수 냄새가 몸에 배서 집에 올 때까지 따라온다. 아무렇지도 않게 집에 들어간다 해도 아내는 벌써 냄새를 맡으면 어디를 거쳐서 어디를 갔다가 왔는지를 바로 안다. 그러면 아내의 얼굴과 눈초리가 대번 싸늘해지면서 찬바람이 분다. 아내가 뭐라고 하기도 전에 내 발이 저려서 꼼짝하지 못하고 죄지은 고양이처럼 숨어있을 수밖에 없다. 그러나 다음 날이면 아내의 얼굴과 표정은 풀어져 있다. 저녁의 그 분위기가 아니다. 마치 컴퓨터 하드디스크를 포맷한 것처럼 투명하고도 깨끗한 표정으로 나를 맞이해 준다.

아내는 어젯밤의 일을 기억할 수도 있고 그렇지 않을 수도 있지만, 지금의 표정은 전혀 기억하지 못하는 표정이다. 그렇다고 "어젯밤 기억 안 나?"라고 들쑤셔놓고 싶지는 않다. 그러면 나는 살며시 밥숟가락을 들고 식사한 뒤에 출근한다. 아내 뇌의 포맷 기능에 감사할 수밖에 없다.

아침은 고구마 한 개와 시리얼 조금과 우유를 한 잔 마셨다. 식사를 양껏 하지 않아서 그런지 점심때는 배가 무척 고팠다. 게다가 직원들이 칼국수를 시켰는데 칼국수는 먹어도 배가 부르지 않은 음식이다. 다른 직원이 먹는 비빔면을 빼앗아 먹었는데도 배가 차지 않았다. 아내에게 샌드위치를 사달라고 했다. 빵도 하나 먹고 샌드위치는 세 개나 먹었다. 그제야 배가 차는 느낌이 들었다. 퇴근할 때 차 안에서 아내가 말했다. "당신 요즈음 먹는 양이 는 것 같아" 이 말은 아내가 항상 하는 소리다. 나는 밥을 맛있게 먹지만 대식가는 아니다. 밥그릇으로 계산하면 두 공기 이상은 먹지 않는다. 25살까지는 먹는 양도 많았었다. 쌀밥은 두 그릇은 뚝딱이었고 잔치국수는 5그릇까지 먹어보았다. 그러나 25살 이후는 그렇게 먹지 않고 있다. 라면은 한 개에 밥 반 공기를 말아 먹는 수준이다. 내가 평가하기로는 지극히 평범한 수준의 먹는 양이다. 다만 맛있게 먹는다는 것이다. 두 개 이상은 먹지도 못하고 먹지도 않는다. 그러니까 나의 밥양은 한 그릇과 두 그릇 사이다. 그런데도 아내는 처음 보는 것처럼 지금까지 28년간 볼 때마다 "당신 먹는 양이 는 것 같아" 이런다. 그럴 때마다 아내의 둔감한 감각에 깜짝 놀라곤 한다.

아내는 무언가를 머리에 담아놓는 법이 없다. 한 번 보면 바로 머리를 포맷하듯이 기억을 하지 않는다. 그러니까 어떤 장면을 보면 전에도 보았지만 처음 보는 듯한 느낌이 드는 것이다. 그것이 아내의 치명적인 매력이기도 하다.

집에 오기 전에는 계란말이와 계란찜을 해준다고 했다가 집에 도착하면 싹 잊어버리고 완전히 다른 음식을 해준다. "왜 아까 해준다는 것 하지 않고 엉뚱한 음식을 해주는 거야?"라고 하면 자기 마음이라고 한다. 생각한 것과 몸이 반응하는 것은 다른 것이라고 한다. 아내의 머리 포맷 기능 덕분에 나는 매일매일 새로운 날을 사는 기분이 든다.

나는 나의 둔감하지 않은 부분을 아내를 보고 배우고 고치고 있다. 그리고 마음 상해하지 않으려고 한다. 누구의 한마디에 마음 상해하고, 맡았던 냄새에 대하여 역겨워하고, 보았던 장면에 대해 계속 떠올리지 않으려고 한다. 타고난 바가 있어 마음대로 되지 않으며 어려운 일이다. 아내의 둔감력은, 아내의 망각 힘은 본인에게도 큰 힘이 되고 자신을 지켜줄 수도 있지만, 가족의 평화와 안녕을 위해서 꼭 필요하다.

누구에게나 도움은 필요하다

누구나 혼자서는 살 수 없다. 도움을 받고 도움을 주어야 한다. 누구에게나 조력자가 필요한 것이다. 유비에게는 관우, 장비, 조자룡의 조력자가 있었고, 이순신 장군에게는 12척의 판옥선이 있었고, 알렉산더 대왕에게는 바람처럼 빠른 부케팔로스가 있었다. 어디 그뿐이겠는가. 마리아 살로메아 스크워도프스카는 폴란드 출신의 프랑스 과학자다. 방사능 분야의 선구자이며 노벨상 수상자다. 여성 최초의 노벨상 수상자로, 물리학상과 화학상을 동시에 받은 유일한 인물이다. 노벨상 2관왕에 등극한 인물로 유명하다. 우리가 퀴리 부인이라고 말하는 위대한 사람이다. 그녀의 옆에는 항상 도움을 주는 남편 과학자 피에르 퀴리가 있었다. 인생은 무소의 뿔처럼 혼자서 가라고 하는 말도 있지만 혼자 살 수 없는 것이 인생이다. 나도 아내에게 그런 도움을 줄 수 있는 남편이 될 수 있을까?

집에서 아내의 역할은 아주 중요하다. 우리 몸에서 간과 같다. 간이 망가지면 면역계도 망가지고, 근육에 손실이 오고, 복수가 차고, 정맥혈관이 늘어난다. 아내가 집에 없다면 식사도 못 하고, 지저분해져서 쓰레기가 이곳저곳에 쌓이게 된다. 아내가 혼자서 그 많은 일을 하는 것은 힘든 일이다. 아내와 남편이 서로 도와가며 일을 하면 좋다. 아니면 아내를 도와주는 친구들이 있다면 아내에게 조금이라도 힘이 될 것이다. 첫 번째 조력자는 남편이 될 것이다.

아내가 무거운 물건을 옮길 때 내가 도움을 주면 좋겠지만 실상은 모든 무거운 것은 아내 혼자 옮긴다. 대개는 농이나 식탁, 책상 같은 것도 아내는 혼자 두툼한 이불을 깔고 잘 옮긴다. 안방에서 작은 방으로 침대를 옮길 때도 아내는 혼자 옮긴다. 집 밖에 나갔다가 오면 이미 옮겨져 있다. 어디서 그런 힘이 나는지 모르겠다. 그렇다고 내가 아내가 옮기는 것을 확실히 본 적은 없다. 왜 같이 하지 않느냐고 하면 혼자 할 수 있는 일을 같이 하면 오히려 힘들 때가 있다고 한다. 쓰레기조차도 아내는 혼자 버리기를 좋아한다. 음식물 쓰레기와 종량제 쓰레기, 따로 거둔 것들을 밀차에 싣고 나가 한 번에 버리는 것을 좋아한다. 하지만 나는 그런 아내의 노고를 덜어주고 싶어 아내가 쉬고 있을 때 조금씩 버리고 있다.

나보다 약하게 생긴 아내는 내가 무거운 것을 옮기다가 다칠까 봐 혼자 옮긴다고 한다. 쓰레기도 마찬가지다. 내가 쓰레기 버리다가 어깨라도 삐끗할까 봐 혼자 버린다고 한다. 실제로 쓰레기를 버리다가 아파트 현관 앞의 둔 턱을 보지 못하고 발을 헛디디면서 넘어져 무릎이 깨진 적도 있다. 무언가 농을 옮기다가는 발가락을 다친 적도 있다. 그러니 아내로서는 걱정할 만도 하다고 생각한다. 그래서 나도 냉큼 아내를 돕지를 못한다. 아내의 일 처리는 나보다 훨씬 더 깔끔하기 때문이다. 그래도 아내의 첫 번째 조력자가 되고 싶은데 좋은 도움을 주지는 못하고 있다. 뭐 하나 제대로 하는 것이 없기 때문이다. 무거운 것을 옮기지도 못하고 집 안 청소도 설거지도 잘 도와주지 못한다. 그래서 아내의 조력자를 구했다. 로봇이다.

5년 전에 아내의 조력자가 하나 생겼다. 전기를 먹고 사는 이 녀석은 거실의 한구석에 말없이 자리를 차지하고 있다. 주로 작은거실 바닥의 쓰레기 청소를 담당한다. 출근할 때 켜놓고 나가면 퇴근할 때 깨끗이 청소하고 자기 자리에 새침하게 가서 있다. 바닥에 티끌 하나 남아 있지 않다. 이 녀석은 로봇청소기다. 이 녀석의 이름은 '향파'다. 아내의 이름과 비슷하게 지었고 아내의 동생쯤이라고 생각하고 있다. 아내에게는 청소라는 큰 짐을 덜었으니 아주 고마운 존재라고 할 수 있다.

은근히 기분이 나쁘다. 나도 청소를 좋아하기 때문에, 내가 청소를 하게 해달라고 해도 아내는 못 미더운지 다시 향파를 돌린다. 청소라는 것은 꼼꼼하게 완벽하게 해야 한다는 아내의 설명이다. 나도 이젠 청소를 포기하고 향파에게 그 자리를 내주었다. 어찌 보면 우리 일을 줄게 해준 향파다.

향파의 단점이 전혀 없는 것은 아니다. 주어진 일을 완벽하게 하지만 몇 가지의 단점을 가지고 있다. 청소할 때 소음이 크고, 물걸레질하지 못하니까 바닥을 닦지는 못하고 쓸기만 한다. 그래서 집에 사람이 있을 때 돌리면 안 되고 우리가 출근할 때 돌려야 한다. 내가 보기엔 바닥을 쓸기는 하지만 꼼꼼하게 쓸지는 못하는 것 같다. 그 단점을 보완할 그 동생을 하나 들여놓기로 했다. 이름하여 '닥닥이'다. 닥닥이는 물걸레 로봇청소기다. 이 녀석은 일단 소리를 내지 않는다. 주로 물걸레질을 담당한다. 집에다 틀어놓으면 아무 소리 없이 모든 바닥을 닦아버린다. 스스슥, 하며 집 안 이곳저곳을 돌아다닌다. 집에 퇴근하고 돌아오면 바닥이 반짝거린다. 아내의 52번째 생일을 맞이해서 사준 생일 선물이다. 향파의 단점을 완전히 보완할 이 닥닥이의 활약이 기대된다. 하루는 향파를 하루는 닥닥이를 돌린다면 완벽한 거실 바닥을 유지할 것이다.

식기세척기와 김치냉장고는 또 하나의 조력자다. 이제는 오래된 이 물건들도 아내를 도우면서 조용히 전기를 소모하고 있다.

아내는 무척이나 자립심이 강한 사람이다. 젊은 시절에는 혼자서도 힘을 발휘하면서 했던 일도 나이가 40, 50이 넘어가면서 견디질 못하고 있다. 아내에게 도움을 줄 무언가가 절실히 필요한 시점이 왔다. 아내가 다른 전업주부처럼 직장을 다니지 않고 집에서 가사만을 돌보는 사람이라면 또 모르는 일이다. 아내가 전업주부라면 혼자서 힘을 발휘했을지도 모른다. 그러나 아내는 집에서도 직장에서도 핵심적이고 중추적인 역할을 예나 지금이나 계속하고 있다. 아마도 시간이 지나면 아내의 조력자가 더 많이 나와야 할 것이다. 아니면 내가 더 부지런해지고 지혜로워져서 보이지 않는 손으로 아내에게 도움이 되었으면 좋겠다.

로봇청소기나 기계들도 모두 아내의 손이 가야 자기 기능을 하는 것들이다. 과학이 발전하고 스마트 가전제품이 더 많이 나오면 더 도움이 될지도 모른다. 그러나 그러기 전에 나의 힘이 더 필요할 것이다. 그러기 위해서 내가 건강해야 한다. 그래야 아내에게 조금이라도 짐이 되지 않기 때문이다.

어떤 사람이든지 우리는 진실하게 대해야 한다. 그곳이 어느 곳이든지 말이다. 인생은 진지한 한 편의 드라마이기 때문에 그런 인생을 좀 더 나은 인생으로 만들기 위해서는 사람과의 관계에 최선을 다해야 한다. 그 출발점은 가정에서부터 시작되어야 하는 것은 분명하다. 가정을 등한시하고 사회에 공헌하는 사람이 될 수 있을까? 가정을 등한시하는 사람이 사회에 공한 하는 사람이 될 수도 없지만 된다 해도 어떤 의미가 있을까?

그러니 매일매일 같이 생활을 하는 아내에게는 더욱 진실한 마음을 가져야 한다. 비록 사회적으로 큰 발자국을 남기지는 못하더라도 아내의 마음속에 작은 자리라도 차지하는 사람이 된다면 그것으로 충분한 삶이라고 자부한다.

내포 부부

우리 부부가 사는 집은 서산에 있다. 가야산을 중심으로 서산, 태안, 당진, 예산, 홍성, 아산 등의 지역이 내포 지역이다. 자동차가 다니지 않던 예전에는 왕래하기 어렵고 접근하기도 쉽지 않은 곳이었다. 차의 왕래가 수월한 요즈음은 이 모든 지역이 한 마당이나 마찬가지다. 마음만 먹는다면 한 시간 안쪽으로 갈 수 있는 그런 거리에 있다. 우리 부부는 이 아름다운 내포의 풍광을 접할 때마다 먹먹한 감탄을 자아낸다.

"청소는 그만하고 나가야겠어요." 아내가 청소하다가 말했다.

청소를 완전히 끝내고 12시에 나가 점심을 먹을 예정이었다. 11시도 되지 않아 힘이 든다고 나가자고 하는 것이다.

"당신이 나가자고 하면 나가야지요." 나는 아내의 말에 무조건 따르는 편이다. 토씨 하나 달지 않고 따른다. 그러는 것이 속이 편하고 좋다. 오늘의 식당은 덕산에 있는 식당으로 정했다. 시간은 30분 정도 소요된다. 묵밥을 전문으로 하는 곳이다. 패딩을 입고 모자를 쓰고 마스크를 둘 다 착용했다.

"모자가 예쁘네?" 내가 차 안에서 운전하면서 말했다.

"응, 이 모자는 막둥이가 쓰던 모자야" 그러는 것이다. 색깔은 어두운 밤색이었다. 아내는 대학을 졸업한 딸의 옷이나 모자를 즐겨 착용한다. 체형이나 키가 비슷하기 때문이다.

이곳 덕산은 예전에는 온천으로 이름이 날리던 곳이지만 이제는 코로나의 여파인지는 몰라도 그렇게 사람이 많이 모이지 않는다. 작은 동네 목욕탕에 주로 가던 시절에, 이 온천은 깔끔하고 시원한 온천이었다. 온천이 여러 곳이 이곳에 모여있다. 대전의 유성 온천과 아산의 온양 온천과 견주어 손색없는 온천이다.

이 근처에는 맛집과 카페가 있다. 덕숭산에 있는 산채 정식과 어죽 집 그리고 바로 오늘 가고 있는 묵 집이 있다. 12시가 조금 넘은 시간이었고 묵 집 안에는 사람들이 많지는 않았다. 동네 분들이 앉아 이야기를 나누며 식사를 하고 있었다. 시골스러운 억양의 말투였다. 이 식당은 동네 주민도 많이 오고 덕숭산을 찾아서 멀리서 왔다가 식사하러 들르는 사람도 있었다.

아내와 나는 방으로 들어가면서 두 사람이요, 라고 했다. 젊으신 분이 들어가 앉으라고 했다. 문 바로 앞에는 사람들이 들어갔다 나왔다가 하니 안쪽으로 들어가 앉으라는 것이었다. 우리가 들어가자마자 바로 옆에 동네 분들이라고 생각되는 60대 어르신 3분이 앉았다. 우리는 오리 훈제와 묵무침을 시켰다. 아내는 수제비를 먹고 싶어했다. 오리 훈제에 밥이 딸려 나오는지 아닌지 잘 기억이 나지 않았다. 1년 전에 아이들과 같이 온 적이 있었는데 오리 훈제를 시키면 어떤 음식이 나오는지 기억이 가물거렸다. 오리 훈제가 나올 때 물어보니까 지금 나온 훈제 한 접시가 다라고 한다. 밥이 딸려오지 않았다. 우리는 수제비를 2인 더 추가로 주문했다. 오리 훈제와 채소를 곁들여 먹으니까 맛있었다.

옆에 있는 동네 분들이 앉아서 무슨 말을 하고 있는데, 말을 할 때 크게 하지 않고, 작게 조곤조곤히 하니까 말이 들리다 말다 했다. 대충 건강에 관한 이야기 같았다. 바로 옆 테이블에 앉아있어서 약간은 들렸다. 이야기는 다음과 같다. 술을 마시다가 1월부터 마시지 않았다고 했다. 그리고 건강에 좋은 약을 45만 원 주고 사서 먹고 있다고 했다. 술을 마시지 않다가 지금 처음 먹는다고 했다. 약을 먹으면서 술을 먹으면 좋지 않다는 것을 알고 있지만, 뜻대로 되지 않는다고 한다. 사람을 만나면 영 술을 피할 수가 없다고 했다. 다 수긍이 가는 말이었다. 사람들이 모였을 때 하는 말을 유심히 들어보면 건강에 관한 이야기가 많다. 시골에 있는 식당을 가면 동네 분들의 이야기가 훈훈하게 들려온다. 말씀도 구수하고 사투리도 섞여 있어 듣는 재미도 있다.

우리는 훈제를 먹다가 반은 포장해달라고 하고 수제비를 먹었다. 아내는 수제비의 맛에 감탄했고, 나도 그 맛이 좋다고 했고, 특히 수제비 안에 들어있는 건더기가 좋았다. 수제비에 채소가 많이 들어갔고 밀가루는 조금 들어갔다. 건강식으로 손색이 없었다. 천천히 꼭꼭 씹어서 먹었다. 식당에서 나와서 바로 앞에 있는 커피집에 들어가서 따뜻한 아메리카노 두 잔을 주문했다. 우리 막내 또래의 여학생 3명이 넓은 테이블에 앉아서 리포트를 쓰는지 노트북에 무언가 작업을 열심히 하고 있었다. 근처에 있는 대학을 다니는 학생일 가능성이 있었다. 내가 대학을 다닐 때만 해도 커피를 파는 카페는 주로 음악감상을 하거나 미팅을 하는 장소였는데, 요즈음 학생들은 공부를 많이들 한다. 어떤 작가는 일정한 시간에 카페에 출근해서 글을 쓴다고 하는 사람도 있었다. 우리는 아메리카노를 두 잔 들고나왔다 그 앞에 사과와 딸기를 파는 곳이 있었다. 딸기는 큰 거 한 팩이 2만 원 사과는 큰 거 한 상자가 2만5천 원이었다. 우리는 한 상자씩 사서 나왔다. 서산에 가면 마트에 가서 살 과일이었다. 마침 이곳에서 사면 따로 마트에 들르지 않아도 된다.

사과와 딸기를 차에 싣고 운전을 했다. 그 위에 어죽 집이 모였다.
아내가 말했다.
"임질어죽집이네."
"간판을 잘 봐야지 어디 저기가 비뇨기과 어죽 집이야. 임질이면 성병인데 잘 좀 봐봐."

아내는 자세히 보더니

"아 입질네 어죽이구나" 한다. 아내의 말이 나에게 웃음을 선사한다.

우리 아들이 언젠가 산에 오르다가 간이 화장실에 쓰여 있는 글인 "해우소"를 보고 "하우스"라고 잘못 본 것과 비슷한 내용이다. 한국어는 자세히 보고 끝까지 봐야 한다.

아내는 집에 와서 딸기 하나를 먹어보더니 세상에서 이렇게 단 딸기는 처음 먹어본다고 하면서 나에게 하나를 먹어보라고 한다. 나는 간식은 절대로 먹지 않는다고 하면서 먹지 않았다. 이따 저녁 먹을 때 두세 개 먹을 거니까 걱정하지 말고 당신이나 먹으라고 했다. 아내는 사과를 하나 또 깎더니 엄청 맛있다고 하면서 나에게 하나 먹으라고 한다. 나는 먹지 않는다고 했다가 운동을 나가야 하니 1/4쪽을 먹겠노라고 했다.

오후 5시 30분이 되어가고 있었다. 아마도 저녁을 아내가 준비하고 있을 것 같았다. 오늘 저녁은 갈치조림을 하기로 했는데 오리 훈제가 있으니 갈치조림은 하지 않아도 될 것 같아, 운동하다가 급히 전화했다.

"여보 갈치조림은 오리 훈제가 있으니 하지 않아도 될 것 같은데"

"응 지금 갈치조림을 하고 있어" 내가 한발 늦은 것이다. 갈치조림을 할까 봐 미리 전화한 것이었는데 갈치조림을 하고 있었다. 아내는 어떤 때는 엄청 빠르고 어떤 때는 또 엄청 느리다. 빠를 때 빠르고 느릴 때 느리면 좋겠지만 그 반대가 더 많다.

주말에는 주로 우리 집 앞에 있는 식당처럼, 내포에 있는 맛집을 탐방하고는 한다. 오늘은 덕산으로 갔지만, 때로는 청양의 칠갑산이나 보령의 성주산, 홍성 광천 등 우리는 어디든 가고 바다와 산의 경치를 마음껏 즐긴다.

유홍준 교수님의 『나의 문화답사기』에 있는 내포에 관한 이런 구절이 있다.

오대산에서부터 뻗어내려온 차령산맥 줄기가 서해에 다가오면서 그 맥을 주춤거리다 방향을 아래쪽으로 틀면서 마지막 용틀임을 하듯 북쪽을 향해 치솟은 땅이 가야산(678m)이다. 이리하여 차령산맥 위쪽 가야산을 둘러싼 예산, 홍성, 태안, 나아가 당진, 아산에는 비산비야의 넓은 들판이 생겼다. 옛날에는 여기를 '내포'라고 했고 지금도 이 일대를 내포 평야라 부른다. 그래서 이 고장 사람들은 사는 행정구역이 서로 달라도 마치 옆 마을 사람처럼 느끼는 친근한 동향의식을 갖고 있으니 내포사람들이라고 불러도 무방할 성싶다. 내포는 농사와 과일이 잘 될 뿐만 아니라 안면도.황도의 조기잡이, 간월도의 어리굴젓이 상징하는 바다의 풍요가 있다. (제1권)

만약 우리가 대전에서 살고 있었다면 내포의 아름다움을 알지 못했을 것이다. 대전의 대학 병원에서 인턴을 할 때 입원하는 환자의 주소가 서산이나 청양이라고 하면 완전 시골이라는 느낌이 들었을 때가 있었다. 서산에서 오래 살다 보니 그런 생각이 없어진 지 오래다. 오히려 이곳의 산과 들, 바다의 아름다움에 감탄을 금치 못할 때가 많다. 이곳으로 인도하신 하나님께 항상 감사드린다.

짤순이를 아시나요?

짤순이 때문에 아내와 다툰 이야기를 하고자 한다. 예전의 짤순이라면 옷을 짜는 기계를 말했다. 세탁기에서 빨래하고 옷의 남아있는 물기를 짜주는 기계다. 그것까지는 우리는 알고 있다. 요즈음은 음식물 물기를 빼는 기계를 짤순이라고 한다. 옷을 짜는 짤순이는 집에서 잘 사용하는 사람이 없다. 세탁기에 일체형으로 나오기 때문이다. 모든 기계가 처음에는 적응하기 어렵듯이 이 음식물 짤순이도 처음에는 우리에게 불안을 안겨준 기계다. 기계를 들여놓으려는 사람과 기계에 익숙하지 않은 사람 간에는 마찰이 있게 마련이다.

나는 얼리어답터에 속한다고 생각한다. 최소한 기계치는 아니다. 맥가이버급은 아니라 하더라도 기계에 익숙해지려 노력은 하는 사람이다. 그러므로 식구들의 기계 사용을 고지식하게 막거나 하지는 않는다. 오히려 권장하는 편이다.

"여보! 당신 내게 짤순이 하나 사줘야겠어."

일요일 저녁 오후 6시 30분에 동네 아주머니를 만나러 나가서 오후 9시에 들어오면서 아내가 하는 말이다. 한 손에는 검정 봉지를 들고 있다. 옆집 아주머니가 만두를 만들어서 줬다고 한다.

"옆집 아줌마는 만두 만드는 고수야, 그것도 완전 고수, 당신보다도 훨씬…."

아내는 또 나의 자존감을 꺾는 말을 한다. 다른 음식은 몰라도 만두는 내가 계속 만들어온 유일한 음식이기 때문이다. 아내가 만두에 대해서 나보다 잘 만드는 사람 이야기를 하는 것은 처음 있는 일이다. 아마도 밖에 나가 누군가를 만난 것이 분명했다. 아니나 다를까 옆집 아주머니가 만두에 대해서 여러 가지를 알려줬다고 한다. 만두소에다 우리 집과 다르게 숙주나물을 넣는다고 한다. 만두소를 물기를 없애기 위해서 우리는 손으로 두부도 짜고 김치도 짰는데 아주머니는 짤순이를 사용한다고 한다. 그리고 만두피도 우리는 만들어진 피를 사서 쓰는데 만들어서 쓴다고 하면서 당장 우리도 짤순이 하나를 사자고 하는 것이다.

옆집 아주머니의 숙주나물을 사용한 만두는 우리도 예전에 만들었던 적이 있다. 하지만 숙주의 식감을 우리 식구는 별로 좋아하지 않아 김치와 두부로 가자고 정예화했다. 그리고 우리의 방식을 고수하며 만들어왔는데 아내가 다른 사람의 말을 듣고 귀가 또 솔깃했다.

예전에 만두소를 만들 때 김치와 두부의 물기를 제거하기 위해서 무거운 돌이나 맷돌로 눌러 놓았다고 한다. 나는 집에서 손으로 짜고 있다. 그렇게 하는 것을 가장 좋아한다. 무거운 돌을 눌러 놓은 것을 몰라서 그렇게 하지 않는 것은 아니다. 손으로 짜야 맛이 있으니 그렇게 하는 것이다.

다른 건 몰라도 나는 만두에 대해서 이래라저래라 하는 것은 정말 싫어한다. 나도 나름대로 요리법을 가지고 있고 여태껏 만들어온 비법도 가지고 있기 때문이다. 만두 만드는 것만은 나의 고집을 굽히고 싶지 않다.

아내는 나와 5살 차이가 난다. 결혼할 당시에 나의 나이는 29살 아내의 나이는 24살이었다. 나는 나름대로 음식에 취미가 있어 어린 시절에도 동생들을 위해서 요리를 하곤 했었다. 동생들도 아주 맛있다고 했다. 그러나 아내는 귀엽게 자란 세 명의 딸 중 막내였고 음식은 초보 수준이었다. 신혼 초에는 내가 많이 알려주곤 했다. 김치찌개나 된장찌개 같은 경우 내가 해주는 경우가 간혹 있었다. 어여쁜 신부에게 무엇이든 해주고 싶었던 마음이다. 그러나 시간이 지나고 아이들이 커가면서 아내의 요리실력은 부쩍 늘어서 아이들도 꼭 아내의 음식만 찾았다. 그렇게 나의 요리실력은 점점 줄어들었다. 그런 상황에서도 아내와 아이들이 인정하는, 내가 하는 단 한 가지 요리는 바로 만두였다. 만두만은 매년 내가 항상 주도해서 했기 때문에 아내도 아이들도 내가 한 만두를 좋아한다. 만두야말로 요리에 있어서 나의 마지막 자존심이었다.

나의 만두는 김치와 돼지고기와 두부와 당면을 이용해서 하고 있다. 만두피는 만들기가 힘들어 사서 하고 있다. 김치는 손으로 쓸어서 꼭 짜서 쓰고 있다. 여기서 몇 가지 아내와 충돌이 생기곤 한다. 아내는 김치를 손으로 쓸지 말고 믹서기를 이용해서 갈자고 한다. 하지만 그건 안 될 말이다. 나의 만두는 고기만두가 아닌 김치만두다. 김치만두의 핵심은 역시 김치라고 할 수 있다. 김치의 맛이 없거나 식감이 없으면 이미 김치만두가 아니다. 만약 믹서기로 김치를 갈면 김치의 형태는 사라지고 씹는 맛도 없어질 것이 뻔하다. 맛만 김치만두지 김치의 흔적을 찾기 어려운 김치만두라고 할 수 있다. 그래서 믹서기로 김치를 가는 것은 절대로 반대다. 아삭하지 않고 물컹한 만두가 되어버린다. 나는 그건 참을 수 없다. 몇 번 아내의 말을 따라서 해본 적이 있지만 그건 아닌 것 같았다. 결국, 나의 고집에 아내는 항복하고 말았지만, 밖에 나가 친구들의 말을 듣고 오면 귀가 얇아진다. 누구 집은 만두를 어떤 방식으로 한다고 하면 또 그쪽으로 마음이 움직인다. 그러면 나는 아내의 얼굴을 똑바로 보면서 말한다.

"여보 우리 흔들리지 맙시다. 지금까지 만두 잘 만들어왔잖아. 지금 와서 흔들릴 필요 없어요."

아내는 나와 같이 일을 하면서도 집에 와서는 항상 집안일을 다 하다시피 한다. 설거지도 내가 한다고 하면 내 손에 물을 묻히지 않게 하려고, 본인이 하고 음식도 내가 하려면 그 힘든 중에도 본인이 다 한다고 한다. 다른 집 맞벌이를 하는 사람들을 보면 밖에서 일하고 들어오는 아내를 위해 남편들이 일을 완벽하게 해놓는 사람도 많이 본다. 나는 그렇게 완벽하게 해놓지 못한다. 나는 그런 아내를 위해서 한 가지를 하고 싶은 것이다. 그 시간만은 아내와 싸워서라도 아내의 손에 김칫국물을 묻히지 않게 하고 싶다.

내가 아무리 얼리어답터라고 해도 지킬 것은 지키고 고수할 것은 고수하는 사람이다. 여태껏 내가 해온 방식을 바꾸고 싶지는 않다. 이런 방법 저런 방법을 다 써보았는데 지금 하는 방식이 가장 좋더라는 거다.

나는 한겨울 만두를 만들기 위해서, 만두 만들기 하루 전 금요일 아내가 잠을 잘 때 몰래 김치를 꺼내서 칼로 썰어 냉장고에 곱게 넣어놓는다. 그리고 토요일 나머지 소를 더 만들어 만두를 만들어서 아내에게 맛을 보게 한다. 그러면 아내는 엄지 척 하고 나에게 엄지를 들어 보인다. 간식을 그렇게 즐기는 아내. 만든 만두는 냉장고에 넣어놓고 아내의 주식이자 간식으로 2주 정도 버틴다.

그렇다고 아내의 원하는 것을 내가 꺾을 수는 없다. 결국, 아내의 원대로 짤순이를 사서 사용해보았다. 김치를 짤순이에 넣고 작동시키면 회전하면서 원심분리기의 원리에 의해 아래에 난 구멍으로 김칫국물이 흘러내린다. 졸졸 흘러내리는 김칫국물이 김치의 맛까지 모두 가지고 나가는 것 같았다. 짤순이로 짠 김치는 맛이 떨어지고 물기가 너무 없어 푸석거리기까지 하다. 그래서 짤순이를 사용하기도 하고 그렇지 않을 때도 있다. 아내가 원하는 일이라면 그것이 짤순이가 아니라 짤순이 엄마가 온다고 해도 해줘야 한다. 집에는 아내의 조력자가 하나 더 늘어난 셈이다.

가족의 건강을 챙기는 아내

몇 년 전에 나는 제2형 당뇨를 진단받았다. 지금은 약을 열심히 먹고 식이 조절을 하고 있어 어느 정도 조절이 되고 있다. 아내가 옆에서 항상 신경을 쓰고 식단 조절을 해주기 때문이다. 어떤 음식을 대할 때면 이 음식이 혈당에 얼마나 영향을 미치는지 아내도 나도 신경을 쓰지 않을 수 없다. 당뇨의 합병증은 무섭게 나타나고 조심하지 않으면 언제 어떤 증상으로 나타날지 예측할 수 없다. 특히 감이나 사과 같은 단 과일 등은 혈당을 급격히 올릴 수 있어서 조심해야 한다.

특히 과일은 비타민과 미네랄, 섬유질이 풍부하지만, 일부 과일은 당분 함량이 높아 혈당을 급격히 상승시킬 수 있다. 아무리 좋은 과일이라도 과다 섭취는 혈당을 급격히 상승시킬 수 있어, 하루 섭취량에 맞춰 먹어야 한다. 과일은 식사 후 간식으로 섭취하는 것이 좋고, 공복에 과일을 먹으면 혈당이 급격히 오를 수 있기 때문이다. 그리고 껍질 때 먹을 수 있는 과일은 껍질을 벗기지 않고 먹어야 섬유질 섭취를 늘릴 수 있다.

또한, 아침에 무엇을 먹어야 하는지는 아내와 나의 공통 숙제가 되었다. 당뇨가 진단되기 전 젊은 시절에는 아침을 먹는 것에 제한이 없었다. 무엇을 먹어도 소화가 잘되고 몸에 무리가 가지 않았다. 당뇨가 진단되고부터는 무엇을 먹는가가 바로 혈당에 반영되고 내 몸에 불편한 증상으로 나타났다. 그 증상은 두통이 생기거나 메슥거리거나 불쾌한 기분 등이 생기는 것이었다. 그러다 보니 식사에 대하여 조심할 수밖에 없다. 하루 세끼를 아내는 나와 같이 먹다 보니 음식 종류와 양을 제한할 수밖에 없게 되었다.

아침 식사로 샐러드와 죽, 시리얼과 우유, 밥과 반찬, 누룽지 그리고 찐 계란을 먹어보기도 했다. 간혹 죽을 싸서 가지고 가서 진료하다가 배가 고프면 먹기도 한다. 항상 싸서 가는 건 아니다. 어떨 때는 죽을 가져가지 못할 때가 있다. 그러면 과일을 먹기도 하고 견과류를 먹기도 한다.

전 연세대학교 가정의학과 교수이신 윤방부 교수님이 계신다. 이분은 56세부터 25년간 아침 식사 루틴으로 지키시는 것이 있다고 한다. "먹는다는 것은 인생의 즐거움이다. 그러나 그 먹는 것은 골고루, 적당히 감사히 먹어야 한다. 특히 아침은 금식(fast)을 깨는(break) 것이다. 그러므로 아침은 굶는 것을 깨는 정도로 가볍게 먹자. 먼저 계란 1개, 쥬스, 야채들, 누룽밥, 마지막 사과 1조각. 한 200칼로리 될 겁니다. 25년째 매일 아침 이렇게 먹어요."

명지대 교수이자 유쾌한 지식인으로 잘 알려진 김정운 교수가 지은 책 『남자의 물건』에서는 다음과 같이 적고 있다. 페이지 196에 있는 내용이다.

독일 사람들은 노른자만 살짝 익힌 삶은계란을 받침대에 올려놓고 나이프로 계란의 3분의 1되는 부분을 톡 때려 잘라낸다. 이때 깔끔하게 잘라내는 것도 실력이다. 유학생들끼리는 그 계란 자르는 솜씨로 서로의 유학 경력을 짐작하곤 한다. 사실 독일 음식은 참 먹을 게 없다. 다들 이야기하듯, 소시지와 감자가 전부다. 그러나 아침 식사는 다르다. 독일의 아침 식사는 정말 맛도 최고고 건강에도 최고다. 독일에 오래 살아본 사람들은 대부분 공감한다. 일단 브뢰첸이라는 작은 빵이 아주 고소하다. 프랑스의 바게트 빵과 비슷한 맛이지만 크기는 주먹만 하고, 마을마다 그 맛이 각기 다르다.

요즈음은 아침으로 찐계란 두 개를 먹고 있다.

어제 환자분께서 집에서 말린 감을 가져오셨다. 진료하다가 먹어보았는데 달지 않고 고기를 씹는 맛이었다. 점심을 먹고 혹시나 먹은 감말랭이가 혈당에 영향을 미칠까 봐 혈당을 검사해 보니 수치도 높지 않았다. 감말랭이는 수분이 제거되면서 탄수화물과 식이섬유, 미네랄이 농축되며 생감에 비해 단맛과 영양 밀도가 높다고 한다. 특히 칼륨, 베타카로틴, 식이섬유 함량이 뛰어나 건강 간식으로 적합하지만, 자연 당분이 고농축되어 과다 섭취 시 혈당이 급상승할 수 있어 특히 당뇨 전단계나 인슐린 저항성이 있는 사람은 1~2조각 이내로 제한해서 먹어야 한다.

아내에게 감말랭이가 생각만큼 달지 않고 건강에도 좋고 간식으로도 좋다는 말을 해주었다. 아내는 만들어보자고 한다. 아내는 내가 말하면 바로 실행하는 편이다. 퇴근 후에 슈퍼에 들러서 감말랭이도 사고 감말랭이를 만들기 위해서 감도 샀다. 집에 와서 아내는 열심히 감을 깎았다. 며칠 전에 사놓은 건조기가 있는데 그것을 이용해서 감을 말릴 생각인 것 같았다.

나는 소파에 누워 있고 아내는 텔레비전 앞에서 감을 깎았다. 나는 아내에게 물었다.
"여보, 감말랭이 산 것 먹으면 되는데 힘들게 감을 왜 깎고 있어?"
아내는 감을 깎으면서 한마디를 했다.
"정성."

아내는 아이들을 생각하며 정성스럽게 감을 깎고 그것을 말려서 아이들에게 보내 줄 생각을 하고 있었다. 나는 내 생각만을 하고 있었다. 아침을 어떻게 먹어야 하고, 감말랭이는 언제 먹어야 하는지 주로 내 위주로 생각을 하고 있었다. 하지만 아내는 머릿속에 나뿐만 아니라 아이들의 생각으로 자리를 잡고 있다. 아이들에게 어떤 좋은 음식을 보내 줄지를 고민하고 있다. 그중에 말린 음식을 보내 주면 좋을 것 같아서 이것저것 시도를 해보고 있다. 사과를 말려보기도 하고 고구마를 찐 후에 말려보기도 했고 이제는 감을 말리고 있다. 집안에 깎고 말린 식재료로 가득하다. 발 디딜 틈이 없을 정도다. 이 많은 것을 처치하기도 골치 아플 것 같았다. 무엇을 한번 하면 성격이 소량으로 조금씩 하는 것이 아니다. 온통 뒤집어 놓으니 그 스케일을 감당하기 힘들다.

아이들이 중학교에 다닐 때 아파트 집의 현관에 페인트칠할 때가 있었다. 문을 하나 하고 또 하나 하면 서로 지나다니고 편할 텐데 문이란 문은 다 색칠을 하고 농과 신발장까지 페인트칠하니 냄새도 냄새지만 집에서 나가고 들어오고가 힘들 정도였다. 성격이 그렇다. 누가 말리지도 못하고 본인이 한번 한다면 하는 것이다.

아이들이 대학을 가면서 타지에서 자취하고 있다. 내가 커 갈 때를 생각하면 부모로서 학비를 보내주고 아이들은 거기에 맞추어 열심히 공부하면 될 거라고 생각을 하고 있다.

나도 타지에서 1년 재수를 했다. 하숙집에서 몇 달을 살아보았다. 주인 할머니가 밥을 해주면 아침마다 먹고 학원에 갔다. 그런 경험이 있다 보니 아이들도 알아서 잘 지내리라고 생각을 하고 있지만, 아내의 마음에는 아이들을 항상 걱정하고 있다. 요즈음에는 편의점, 식당, 배달 앱 등이 발달되어 먹는 것은 걱정이 없을 것 같지만 그렇지 않은 것 같다.

  소고기뭇국을 얼리거나 멸치볶음이나 오징어채 무침, 얼린 만두, 장조림 등을 저녁에 해서 아침 일찍 출근할 때 스티로폼 상자에 밀봉해서 직장에 가지고 가서 바로 택배로 보내면 아이들이 저녁에 받아먹을 수 있다. 반찬을 많이 하다 보니 그런 날은 나도 덩달아 배불리 먹는다. 아이들은 반찬을 받아서 혼자 먹기도 하고 친구와 같이 나누어 먹기도 한다고 한다. 아내의 음식 솜씨도 이제는 최상의 클래스라고 해도 모자라지 않을 정도다. 그러니 아이들이 얼마나 정성이 들어있는 엄마의 음식을 그리워하겠는가.

  감말랭이, 소고기뭇국, 엄마의 손, 참으로 아름다운 단어다. 나의 가슴에 사무치는 단어다. 감 껍질을 벗기는 엄마의 손에는 아이들을 향한 마음과 그리움을 담고 있다. 보려고 하지 않아도 근처에서 풍기는 분위기가 있다. 무어라고 말 못 하지만 스스로 숙연해진다. 오늘도 아이들은 저녁을 거르고 있지는 않은지, 추운 곳에서 발을 동동거리면서 안절부절하지는 않을지 걱정하고 있다.

첫눈은 아내와 함께

첫눈이 내리고 있는데도 모르고 있었다. 첫눈은 첫눈이 올 때 맞아야 한다. 어영부영하다가 문을 열고 나가보니 이미 눈이 쌓여있다면 첫눈에 대한 예의가 아닐 것이다. 때로는 이것이 눈인가? 할 때도 있다. 눈인지 아니면 진눈깨비인지 혼동할 때도 있다. 솜털 모양의 첫눈이 올 때, 하늘을 보면서 팔을 벌리고 맞이해야 한다.

그렇게 첫눈다운 첫눈을 맞이하지 못한 해가 이미 몇 년은 지나갔다. 학교에 다니던 젊은 시절에는 첫눈을 맞이하던 순간이 있었던 것 같다. 대학을 다닐 때, 교정을 거닐 다가 첫눈을 맞이했고 그대로 밖으로 나가서 저녁 늦게까지 술을 마신 날이 있었다. 어느 12월 밤에 교실에서 모여 기말고사 준비를 하는데, 함박눈이 내렸고 교실을 나가 하늘을 올려다보며 눈을 맞이하던 생각이 난다.

직장을 다니면서 한 번도 첫눈을 첫눈답게 맞이하지 못했다. 봉직의사를 할 때는 수술하다가 창문 밖으로 눈이 내리고 있다고 하는 소리를 들었던 것 같다. 병동 회진을 돌 때 환자의 환부를 열고 소독하면서 창밖으로 보이는 첫눈을 본 적도 있다. 진료실에서 진료할 때, 머리에 흰 눈을 뒤집어쓰고 들어오는 환자의 모습을 보고 놀란 순간이 있다.

"밖에 눈이 오나요?"라고 물어보면
"원장님은 그것도 모르고 진료를 하슈?"라고 하는 환자분이 있다.

토요일 오후는 아내와 함께 동네 식당에서 멸치육수를 낸 소면을 먹곤 한다. 어제 첫눈이 내리고 오늘도 이어서 눈이 내리고 있었다. 식당 밖은 한기가 있고 눈이 내리는 데 6개 정도의 테이블이 있는 식당 안에는 열기가 있어 후끈거린다. 소면이 나오기 전에 안심콜을 하고 마스크를 쓰고 기다리고 있다. 코로나 예방 백신을 2차까지 접종받은 사람만이 식당에 들어올 수 있다고 한다. 나와 아내는 의료인이므로 3차까지 예방접종을 마쳐서, 안심하고 식당에 들어갈 수 있었다.

소면이 나왔다. 반찬은 고춧가루로 양념을 한 단무지와 겉절이 김치다. 약간 간이 세게 들어간 반찬이다. 소면은 김치 맛으로 먹기도 한다. 시장에서 소면 양을 많이 주는 곳은 김치가 맛있고 심심하다. 이 식당은 그렇지는 않다. 국물이 약간 간간하고 진한 멸치육수를 우려서 내오는 소면이다. 소면 위에 당근과 파와 계란지단과 깨가 올라가 있다. 국물에 조미료가 많이 들어가면 손님이 찾지 않는다. 손님들은 조미료의 맛을 알기도 하고 그렇지 않기도 한다. 알면서 오는 사람도 있고 알기 때문에 잘 오지 않는 사람도 있다.

중요한 것은 비율이다. 만약 조미료가 많이 들어간 음식이라면 우리도 두 번 이상 오지 않았을 것이다. 이 집은 그래도 멸치육수를 우려서 내기 때문에 안전하게 와서 먹을 수가 있다. 나는 국물까지 모두 마셨다. 그래도 탈이 없다. 손님이 우리 말고도 여자끼리 두 명이 온 사람이 있고, 남자 한 명, 또 다른 한 명이 와서 멸치국수 하나씩을 시켜서 먹고 있었다. 그럴 때마다 나와 아내는 우리는 둘이라 좋다고 항상 눈으로 이야기를 한다.

식당 주인아저씨는 정부에서 방역 수위를 올리면 손님이 오지 않는다고 울상이다. 정치하는 사람들이 모두 초보이기 때문에 정치를 엉망으로 한다고 노발대발이다. 소면을 맛있게 먹었다. 밖에 눈은 많이는 아니지만 계속 조금씩 내리고 있었다. 중부지방에 눈이 많이 내린다는 보도가 있었다. 코로나 확진자와 중증 환자는 사상 최고치를 매일 경신하고 있다. 11월이면 예방접종을 모든 국민에게 접종하여 코로나가 종식될 거라고 한 정부의 예측은 빗나갔다. 지금은 3차 예방접종을 하고 있다. 18세 이상이면 2차 접종을 하고 3개월이 지나면 누구나 예약 없이 의료기관을 방문해서 백신을 맞을 수 있다.

소면은 아내가 좋아하는 음식이다. 아무리 코로나가 번지고 있어도 소면 맛은 변하지 않고 있다. 우리는 이러한 생활을 이어가고 싶은 생각뿐이다.

첫눈을 맞는다거나 소면을 먹는 일이 이렇게 소중해 보이는 해는 없었다. 사실 바쁘다 보니 그 의미를 잊고 살았는지도 모르겠다. 그러나 요즈음에는 그러한 일상이 너무나 소중하다. 언젠가는 코로나는 종식이 될 것이다. 그러나 우리가 겪고 있는 지금의 코로나 경험을 잊지 않아야 한다. 그리고 지금 이 순간 하나하나 소중하지 않은 것이 없다는 것도 깊게 새겨야 한다.

코로나가 전 세계를 강타했다. 장례식장이나 교회도 거의 봉쇄되어 사람들이 모이지 않았다. 사람들이 모이는 곳에서는 코로나 바이러스가 쉽게 전파되어 집단 감염으로 이끌 수 있어서 열이 나거나 기침을 하면 코에 면봉을 집어넣어 점액을 묻혀서 검체가 양성 음성 여부를 가렸다. 양성이면 바로 데리고 가서 격리했다. 장례식장 부고가 날아와도 부고의 끝에는 '성의만 받고 조문은 사양한다'는 말이 써 있었다.

중국의 우한에서 시작된 코로나바이러스의 전파는 전 세계에 끔찍한 공포를 몰고 왔다. 사람들이 전혀 상상하지 못했던 참혹한 비극이었다. 우리는 집 안에서 격리되듯 있어야 했다. 일상의 상실이요 평범함의 몰락이었다. 이러한 바이러스 질환은 부유하거나 가난하거나 학식이 없거나 있는 것과 상관없이 똑같이 적용되었다. 감염되는 법칙에 예외가 없었다.

병원에 입원시설이 부족하여 급조하여 방역 완비된 병실을 추가로 확보했다. 의사가 모자란 곳은 공중보건의사나 군의관들이 가서 진료했다. 병원 보호자의 출입을 엄격하게 통제했고 입원할 때도 코로나 검사는 필수였다.

나는 개업 의사로서 코로나 예방접종을 하거나 마스크를 확실히 쓰고 손 소독을 철저하게 하는 수밖에 없었다. 에이즈 바이러스는 원숭이에서 기원하였고 코로나바이러스는 박쥐에서 기원하였다고 알려졌다. 사람은 환경을 파괴하고 동물들의 생태계를 교란해서는 안 된다. 사람은 사람의 삶을 올바르게 살면 되고 동물은 그들의 영역에서 잘 살아가야 한다. 그렇다고 해서 모든 것이 해결되는 것은 아니다. 아직도 알려지지 않은 우리가 모르는 위험 요소들이 많이 숨어있기 때문이다.

나는 아내에게 항상 맹세하는 것이 있다. 큰 소망은 아니다. 첫눈이 오면 같이 손을 잡고 눈을 맞으며 눈길을 걸어가자는 맹세이다.

하나님 오늘도 우리에게 평온한 일상을 허락해주셔서 감사합니다. 바이러스가 사람의 세포에 와서 사람의 세포 소기관을 이용하여 분화하고 번식해서 단백질을 생산하고 있습니다. 사람의 몸 안에 있는 방어체계가 약해지거나 바이러스를 인식하지 못하면 바이러스는 사람을 공격할 수 있습니다. 사람의 면역 체계가 바이러스의 변형된 DNA나 RNA의 사슬을 콕콕 집어 파괴토록 하소서. 천연두가 백신접종으로 박멸되었듯이 에이즈나 코로나 바이러스도 박멸될 수 있도록 도와주소서. 예수님 이름으로 기도 드립니다. 아멘.

드라마 '눈이 부시게'에서 김혜자 연기자님의 대사이다.

"내 삶은 때론 불행했고, 때론 행복했습니다.
삶이 한낱 꿈에 불과하다지만 그럼에도 살아서
좋았습니다.
새벽에 쨍한 차가운 공기,
꽃이 피기 전 부는 달큰한 바람,
해 질 무렵 우러나는 노을의 냄새,
어느 하루 눈부시지 않은 날이 없었습니다.

— 드라마 눈이 부시게 중에서

이보다 더 좋을 수 없다

내일은 쉬는 날이다. 그냥 쉴 수도 있지만, 계획을 세우고 쉬어야 하루가 알차다. 크리스마스라고 특별한 것은 없다. 항상 특별한 날이므로 어떤 날이 더 특별한 것은 없다. 하루하루가 보람되고 값진 날이다.

"내일 계획이 어떻게 돼?" 아내에게 물었다.
"그냥 계획 없는데" 아내는 대답했다.
"내일모레 막내가 온다고 하니 만두를 해줘야 하는데, 내일 만두를 미리 해놔야 하지 않을까?" 내가 말했다.
"그러면 오후에 나가서 장을 봐서 만두를 하면 되잖아, 나는 나가기 싫은데" 아내가 말했다.
"나도 역시 나가기 싫은데 만두를 하려면 재료를 사다 놔야 하잖아" 내가 말했다.

조금 생각한 후에 내가 또 말했다.

"그러면 내일 아침을 먹고 점심은 나가서 평양냉면 먹고, 근처에 커피숍에 들러 커피를 마시자 그리고 장을 봐서 만두를 만들어 먹자" 아내도 나의 제안에 오케이했다.

이렇게 만두를 만들기 위해서 어제 김치를 썰어서 냉장고에 넣어놓았다. 김치만 썰어놓아도 만두는 거의 만든 것이나 진배없다. 하지만 계획을 하지 않으면 만두도 만들지 못하고 그냥 지나칠 가능성이 크다. 만두 만드는 과정은 여러 단계로 나누어져 있어서 하나만 빠져도 하기 어렵다. 수년간의 경험에서 나온 결론이다. 만두를 만들기 위해서는 치밀한 계획을 세워놓아야 한다.

김치를 썰었으면, 당면은 있는 것을 쓸 건지, 아니면 새로 사서 쓸 건지, 있는 것을 쓸 거면 양은 충분한지를 봐야 한다. 다른 것은 그렇게 예민하지 않은 것 같은데 만두를 만들 때는 너무 치밀하고 집요하다. 고기는 소고기만 쓸 것인지 돼지고기를 같이 쓸 건지 반반을 쓸 건지를 미리 생각해놓아야 한다. 두부는 하나로 마트 두부를 쓸 건지 아니면 전문 두부 공장에서 사다가 할건지 등등 미리 생각해야 할 것이 많다. 그리고 결국 아내에게 숙주나물은 쓰지 말자고 제안했다. 저번 주에 숙주나물을 써서 만두를 했는데 예전의 만두에 비해서 맛있다는 점을 발견할 수가 없었다. 그냥 그랬다. 그럴 거면 그냥 빼야 한다. 그래야 깔끔하고 담백하다. 옆집 아주머니가 알려준, 숙주를 쓰는 비법을 해보니 별로였다. 역시 만두는 우리가 하던 방식으로 하는 것이 가장 좋다. 지금에 와서 수십 년을 하던 방식을 바꾼다는 것은 별로 바람직하지 않다. 아내도 나의 제안에 전적으로 동의했다.

"그래 그러면 예전 방식대로 하자" 아내가 말했다.

결국, 숙주나물에 대해서는 극적인 타결을 본 것이다. 한 가지가 결정되니 한결 마음이 편했다. 김치, 당면, 두부, 고기 이렇게 크게 4가지 재료가 들어가는 만두 속이다. 여기다가 새로이 숙주를 껴 넣는다는 것은 마음이 불편하다.

저녁에 퇴근하면서 커피숍에 들려서 따뜻한 아메리카노 두 잔을 드라이브 스루로 뽑아서 집으로 왔다. 예전에 담배를 피울 때가 있었는데, 그때 주머니에 담배가 있으면 든든하듯이 커피가 있다는 것이 든든하게 작용하고 있었다. 만약 엘리베이터에서 동네 주민이 "오늘 크리스마스이브인데 어디 가지 않으세요?"라는 질문을 한다면 나는 커피를 보여주면서 이렇게 말할 것이다. "이제 나이가 들다 보니, 이것 커피 한 잔이면 됩니다, 이것도 과분합니다."

수많은 크리스마스 날과 크리스마스이브를 지나 보았지만, 큰일은 없었다. 그냥 하루가 지나가는 것이었다. 고등학생 때는 교회에서 주로 보냈고, 대학생 때는 친구들과 시간을 보냈다. 의사가 되고는 거의 환자를 보면서 시간을 보냈다. 응급실 당직이나 응급 수술이 기다려도 피할 수 없었다. 외과가 외면하면 응급 환자는 누가 본다는 말인가? 그래도 외과를 하는 자부심이 충만해 있었다. 크리스마스라고 착한 환자가 오거나 환자가 오지 않거나 하지 않는다. 저녁에 환자가 오지 않으면 새벽에 환자가 온다. 한 명도 오지 않다가 많이 다친 환자 한 명이 오면 밤을 새우게 된다. 어떤 날은 환자가 복막염이 있어 수술하고 어떤 날은 보일러 폭발로 간의 열상이 있어서 수술하기도 했다.

그러나 이젠 나이도 들었고 응급실에 근무도 하지 않는다. 외과 의사로 밤새워 수술도 하지 않는다. 구급차 소리를 들으면 긴장하고 응급실로 달려가야만 할 것 같던 시간도 이젠 지나갔다. 나와는 상관 없는 소리가 되었다. 개업 의사로 병원에서의 진료만 끝나면 집으로 연락해올 환자도 없다. 예전에는 집에 오면 연락이 부리나케 오기 때문에, 차라리 응급실에 있으면 그때그때 환자를 볼 수 있어 마음이 편했다. 집에 도착하자마자 바로 다시 나가야 하는 일도 많이 있었다. 그래도 그때는 그런 생활이 즐거웠다. 외과 의사라면 당연히 겪는 그런 일이라고 여기며 살았었다. 그리고 이런 과정이 지나가면 더 좋은 시간이 기다리고 있을 것만 같았다. 하지만 시간이 지나가도 삶은 비슷했다. 크게 와닿는 변화가 없었다.

엘리베이터 안에서, 나와 같이 그런 고생을 묵묵히 견디며 참아준 아내가 따뜻한 아메리카노를 손에 잡고 집으로 올라가고 있다. 전쟁을 치른 전장의 용사였다가 지금은 후방의 따뜻한 집에 있는 기분이다. 더할 것도 덜한 것도 없는 그런 시기다. 커피 한 잔이면 모든 것이 행복하고 모든 것이 따뜻했다. 아내가 같이 있어 더 빛이 나고 말하지 않아도 벅찬 하루가 되어준다. 어쩌면 지금 이 순간이 우리가 기다리던 순간인지도 모른다. 다만 느끼지만 못할 뿐이다. 무언가 엄청난 것을 기대하고 있어서 사실 지금이 그런 순간임을 알지 못하는 것이다.

김치도 썰어놓았고 내일 만두 만들 계획까지 다 수립해 놓았다. 그 시간까지 휴식이다. 커피를 마시면서 나는 나의 시간을 보내고 아내도 시간을 보낼 것이다.

1997년 미국에서 만들어진 영화로 잭 니콜슨과 헬렌 헌트에게 제70회 아카데미 남우주연상과 여우주연상을 동시에 안겨준 양화 〈이보다 좋을 순 없다As Good As It Gets〉에서 누구나 싫어하는 괴팍한 작가 멜빈의 대사가 내 마음을 움직인다.

You make me want to be a better man.
당신은 내가 더 좋은 남자가 되고 싶게 만드오

I'm the only one on the face of the earth who realizes that you're the greatest woman on earth.

당신이 이 지구상에서 가장 멋진 여자라는 걸 아는 건 오직 나뿐인 것 같소.

I'm the only one who appreciates how amazing you are in every single thing that you do.
And how you are in with Spencer.
나만이 유일하게 당신이 해내는 모든 일이 얼마나 멋진지 그리고 당신이 어떻게 스펜서를 키우는 지에 대해 감사하는 것 같소.

이 대사처럼 나에게 아내는 세상에서 유일한 멋진 존재이다. 아내의 엄청 훌륭한 면을 나만 알고 있는 것 같다. 나에게는 보석 같은 존재이므로 아내와 함께한 이 순간은 가장 소중한 순간이다. 나를 하루하루 더 나은 사람이 될 수 있도록 하는 사람이다.

추억은 어묵과 함께

　농협 마트 앞에 천막을 치고 어묵탕과 호떡 술빵을 팔고 있었다. 나와 아내는 퇴근하고 오는 길이라 배가 고픈 상태다. 이쯤 되면 보이는 것은 다 먹어 치울 수 있을 정도로 정신이 흔들리게 된다. 차에서 내리자마자 아내는 천막으로 가서 어묵을 집어 먹었다. 하나둘 세 개나 먹고 국물까지 먹었다. 나는 의외로 막 먹을 것 같지만 간식은 절대로 사절이다. 식사 시간은 될 수 있으면 철저히 지키고 간식은 먹지 않는다.

　어묵을 파는 아주머니가 아내에게 인상이 좋다고 하면서 자신의 이야기를 했다. 이 자리에서는 3월 초까지 장사할 거라고 했다. 하루에 30만 원씩 자릿세도 내야 하는데 오늘처럼 눈이 오고 추운 날에는 사람이 다니지 않아서 서비스 개념으로 장사하고 있다고 했다. 아내에게 유동 인구가 많은 곳이 어디인지 아느냐고 물어보았다. 아내는 지금 이 자리가 유동 인구가 가장 많은 곳이라고 했다. 아주머니는 세가 많이 나가기 때문에, 오늘처럼 손님이 없을 때는, 다른 자리를 물색하고 싶은 마음이 생긴다고 한다.

우리 내외는 어묵을 좋아한다. 거기다가 호떡이면 사족을 못 쓸 정도다. 절대로 그냥 지나치지 않는다. 그 줄이 길게 늘어서 있어도 아무리 더운 날이라고 해도 우리는 줄을 서서 끝내 맛을 보고 만다. 줄을 서서 사람들의 표정을 보기도 하고 어묵을 먹으면서 주인아주머니의 말을 듣기도 한다. 그러면 이 장소는 사람 사는 냄새가 물씬 나고 기분이 좋아지는 장소가 된다. 거기다가 어묵의 맛이라니 무엇으로 표현할 수 있을까. 우리나라의 대표적인 음식이라고 할 수 있을 것이다.

우리는 어느 시장을 가든지 어묵과 호떡을 파는 곳을 꼭 찾아간다. 거의 모든 시장에서는 이 메뉴가 있다. 멸칫국물과 파와 무로 우려낸 국물을 마시면 시원하고 담백하다. 우리에게 익숙한 맛이고 또 찾고 싶어지는 맛이기도 하다. 이 맛은 아마도 우리가 가본 지역이 어디든지 비슷했다. 변하지 않는 맛이기도 하다. 나와 아내는 서산이나 태안·홍성에서 어묵과 호떡을 파는 곳을 잘 알고 있다. 붕어빵도 좋아하지만, 호떡과 어묵도 좋아한다. 그 장소는 아무에게도 알려주지 않지만 나와 아내만 아는 아지트처럼 몰래 가서 먹고는 한다. '어데'를 하는 것이다. 어묵 데이트다. 우리의 비밀스러운 데이트라고 할 수 있다.

순간 포착 세상에 이런 일이 2014년 8월 14일 방영분에서 어묵 아저씨가 등장했다. 하루에 어묵 80개, 그것도 조리하지 않은 생어묵을 수시로 먹고, 당연히 식사도 어묵으로 대체했다.

다른 음식은 먹지 않느냐는 그분의 부인 말에도 어묵 안에 어차피 야채고 뭐고 다 들어있으니 따로 먹을 이유가 있겠느냐고 대답했다. 원래 젊었을 때부터 어묵을 좋아하기도 했지만, 직업상 차로 여기저기 이동이 잦다 보니 차 안에서 간편하게 식사를 해결할 수 있는 것이 필요했으며 결국 이런 습관이 어묵 애호가로 이어졌다고 했다. 그 뒤 병원에서 검진을 받아본 결과 아니나 다를까 병이 생겨있었고, 향후 어묵 섭취를 줄일 필요가 있다는 진단을 받았다.

1년 후 '생생정보'라는 프로에 다시 등장했다. 여기서는 아내에게 안 걸리려고 어묵을 집의 구석구석, 심지어 안 보이는 우편함 속 우편물 뒤쪽에까지 숨겨놓고 아내는 이 숨겨놓은 어묵을 구석구석 뒤져가며 찾아내는 부부간 탐색전이 벌어지기도 했고, 간짜장을 시키고 면을 먹지 않은 후 짜장을 자른 어묵에 비벼 먹었다. 시장에서도 아내가 딱 4개만 먹으라고 2천 원을 쥐여줬더니 분식집에 가서 4개도 아니고 무려 20개를 먹었다. 2천 원어치인 4개를 먹고 나자마자 PD에게 만원을 빌려서 먹었다.

가족들 부양을 위해 노력하고 수고한다고 아내가 부산에 데리고 가 부평동 깡통시장의 부산 어묵을 하루 맘껏 먹게 해 주는 훈훈한 모습도 나왔다.

이분은 어묵 먹는 것 자체를 좋아하시는 것이다. 어묵을 씹어 보면 너무나 맛이 있어서 그렇게 어묵만 먹고 싶을 때도 있다. 나도 충분히 이해가 간다. 어린 시절에는 어묵에 목숨 걸고 먹었던 때가 있었다. 아마도 초등학교 2~3학년 무렵이었다. 정신없이 어묵에 빠져있던 때였다. 그때 중독이라는 것이 이런 거구나 하는 생각이 들기도 했다. 어묵과 같이 먹는 멸치육수도 마찬가지다. 틈만 나면 극장 앞에 있던 어묵 할아버지를 찾아갔다. 먹고 집에 와도 또 가고 싶었다. 계속 어묵 포장마차가 생각이 났다. 어느 날 가보았더니 할아버지의 작은 포장마차가 보이지 않았다. 할아버지가 돌아가셨다는 소문이 있었다. 그러고 나서야 어묵 포장마차를 가지 않게 되었다. 그러나 나에게는 혼란스러운 시기였다. 눈을 감아도 눈을 떠도 어묵 생각이 간절했으니 말이다. 아마도 세상에 이런 일이에 나온 아저씨도 그와 비슷한 심정이 아니었을까 싶다.

고등학교 때는 아버지의 전파사가 대정 중심에 있는 상가 안에 세를 얻어 들어가서 장사를 하던 시절이 있었다. 이곳에서는 전축을 팔기도 하고 오디오 장식장을 팔기도 했는데 어머니가 집에 동생들을 보러 들어가시면 내가 나와서 장사를 하기도 했다. 그때 저녁으로 먹은 상가의 어묵 백반은 환상 그 자체였다. 어묵과 국물은 어디나 맛이 비슷하지만, 훨씬 더 맛있게 한 것은 고춧가루와 파였다. 여기에 밥을 말아 먹으면 너무 맛있어서 학업보다도 장사하러 가게에 나가고 싶어질 정도였다.

한때는 어묵이 생선 살과 잡뼈 밀가루와 화학조미료가 들어간다고 해서 먹지 않았던 때도 있었다. 어묵에는 단백질 함량이 높지만, 탄수화물·지방·포화지방의 함량은 낮은 것으로 나타났다. 어묵탕 등 국물과 함께 먹으면 한 끼 적정 나트륨 섭취량을 크게 초과하는 것으로 조사돼 주의가 필요하다. 어묵과 함께 국물을 많이 마시면 건강에 좋지 않다고 하니까 피하게 되었다. 식당에 가도 의도적으로 어묵 요리는 멀리했었다. 하지만 1년이 넘지 못했다. 지금은 자연스럽게 예전처럼 먹고 있다.

아내와 나는 시장을 가던지 골목 어귀에 있는 포장마차를 가든지 눈에 보이면 절대 피하지 않고 들어간다. 그리고 어묵의 대나무 손잡이를 잡고 통에서 꺼낸다.

등에 어린 아들을 업고 먹었던 청주 사창 시장의 어묵, 5일 장이 열리던 보령 전통시장에서 어린 아들 손을 잡고 같이 먹던 어묵·국물과 호떡을, 사산 동부 시장의 떡볶이와 어묵 국물의 추억을 아내와 가족이 함께 먹던 그 맛을 기억하며 추억의 한 페이지를 기록한다. 그렇게 살아가는 것이다.

사람은 눈치가 있어야 한다

맑은 토요일 아침이다. 맞벌이 부부인 우리 내외는 같은 차를 타고 출근을 하고 있다. 16년째 하는 아침마다 일이다. 아내는 요즈음 허리가 아프다고 했다. 안정을 취하라고 하기도 했고 약을 먹기도 했다. 그러나 활동하는 데는 그렇게 무리는 없는데 간혹 욱신거리는 통증이 있다고 했다. 그리고 조금씩 좋아지고 있었다. 그래도 아침에는 별로 아픈 내색을 하지는 않았다. 52세의 나이로 언제까지 일할 수 있을지 걱정이 된다. 몸이 불편하면 쉬라고 하지만, 아내는 일하면 좋아질 거라고 말한다.

차 안에서는 주로 라디오를 들으면서 출근한다. 라디오에서 여자 개그맨이 나와서 동물 울음소리를 낼 거라고 한다. 아직 나오지는 않았다. 나는 불현듯 동물울음 소리를 내고 싶다는 생각이 들었다. 며칠 전에 처가를 갔을 때 새벽에 듣던 닭 우는 소리가 생각났기 때문이다. 운전대를 붙잡고 닭 울음소리와 개 소리와 고양이 소리를 냈다.

"꼬끼요 꼬꼬 꼬, 멍 멍 으르릉, 야아옹 옹 옹" 내가 생각해도 동물 소리를 잘 내지는 못하는 것 같았다. 동물울음 소리는 우리 큰아들이 잘 낸다. 고양이 울음소리는 노망난 고양이 울음소리처럼 들렸다. 그런데 아내를 웃기려고 한 것인데, 뒷자리에 타고 있는 아내는 반응이 전혀 없다. 난 백미러를 보면서 아내에게 말했다.

"내 동물 소리 어때? 왜 리액션이 없어?"라고 했는데 아내는 "사람이 허리가 아픈데 무슨 소리야!"라고 퉁명스럽게 말했다. 아내는 허리가 아직도 아픈 거였다. 그리고 차가 둔턱을 넘어갈 때마다 표현은 하지 않았지만, 얼굴의 표정에 아픔이 쓰여있었다. 나는 아무 소리도 할 수 없었다. 눈치 없이 아내가 아픈 것도 모르고 엉뚱한 행동을 한 거였다. 나는 가만히 있었다. 그리고 병원에 도착했다. 오전 진료를 무사히 마치고 퇴근을 할 때 아내의 통증은 다행히 많이 좋아졌다. 아침의 우울한 기분은 모두 사라졌다.

"아침에 개소리 내는데 리액션 좀 해주지 그랬어? 그러면 더 기분이 좋았을 텐데."
아내는 기분이 좋았다가 그 생각을 하면 또 기분이 언짢아지는 모양이었다.

"아니, 사람이 눈치가 있어야지 아픈 사람 앞에서 어디 개소리야."

나는 알았다고 하면서 퇴근을 서둘렀다.

사람은 눈치가 있어야 한다. 그래야 밥이라도 얻어먹을 수 있다.

나는 눈치가 없는 사람이다. 눈치라는 것은 우리가 많이 쓰는 말로 센스라고도 할 수 있다. 사람의 마음을 미리 파악할 수 있는 능력일 것이다. 개인 사업이라는 것은 찾아오는 사람의 마음을 빨리 파악할 수 있는 능력이 있는 사람이 번창한다. 나는 그런 능력이 부족하다. 오히려 고지식한 편이다. 그렇다고 사람의 원래 있던 성질을 고치고 싶지는 않다. 왜냐하면, 나는 그런 나의 성질을 좋아하기 때문이다.

비록 손해를 볼지 몰라도 잘못된 이익보다는 약간의 손해를 감수할 것이다. 남보다 늦더라도 기초부터 하나씩 차근하게 쌓아 나가고 싶다. 옆에 더 크고 좋은 길이 있어도 내가 선택한 길이 옳다면 끝까지 갈 것이다. 남들이 좀 욕을 하더라도 그것이 나의 길이라면 끝까지 당당하게 갈 것이다. 내가 지금껏 지나온 길을 사랑하고 나와 같이했던 가족들과 이웃들을 사랑할 것이다. 가장 소중한 것은 돈으로 살 수 없는 것들이고, 눈에 보이는 것보다 보이지 않는 것들이라는 것을 명심할 것이다. 성취보다는 오히려 좌절에서 의미를 찾고, 매일 상처 받지만, 상처야말로 최고의 스승임을 믿을 것이다. 강한 자에게 더 강해지고 약한 자에게 한없이 약해지는 사람이 될 것이다.

환자들은 연약하다. 환자들의 눈치를 보아야 한다. 환자들의 낌새를 알아차려야 한다. 다그치지 말아야 한다. 걸음걸이 행동 하나 말 한마디도 허투루 듣지 않고 귀를 기울여야 한다. 작은 이야기에서 큰 의미를 보고 거친 숨소리에서 그동안 고통을 느낀 흔적을 찾아야 한다. 하지만 가짜 환자도 있다. 진료를 보러 온 것도 아니면서 빈정거리는 사람들이 있다. 자기의 지위나 권력을 남용하여 미리 알아주기를 바라는 사람들이 있다. 그런 사람들은 과감하게 걸러주어야 한다. 그래야 진정한 고통을 느끼는 환자를 볼 수 있고 최선을 다할 수 있다.

아내도 약하고, 가족들도 약한 존재다. 아버지가 아버지의 역할을 제대로 하지 못하거나 가족에게 막 대한다면 가족들은 의지할 곳이 없다. 그러니 아내의 눈치를 봐야 한다. 눈치를 보는 것이 아버지 역할을 하는 것이고 가족을 잘 대해주는 것이다. 눈치를 보면서 미리 준비하는 것이 가족에게 최선을 다하는 것이다. 그것이 근엄하고도 사리에 맞는 행동이다. 그리고 매너 있는 행동이다. 나는 그렇게 생각한다.

아내는 이웃 사람들에게 음식을 나누어 주는 것을 좋아한다. 같이 모임을 하는 동네 아주머니들에게 음식을 해서 주거나 빵을 만들어주기도 한다. 직원의 딸은 중학교에 입학하는데 같은 반 친구들과 나누어 먹으라고 빵을 만들어주었다. 마카롱이나 스콘 같은 수제 빵을 잘 만든다. 그런 빵을 만들기 위해서는, 만들기 며칠 전부터 재료를 주문해놓아야 한다. 만드는 것도 단순하지 않다. 복잡한 과정을 거치기 때문에 심혈을 기울여서 만들게 된다. 내가 먹는 음식도 그렇지만 다른 사람이 먹는 음식이기 때문에 더 조심하고 조심한다. 나는 조금의 방해를 해서는 안 되고, 먼지도 일으키면 안 되는 작업이기 때문에 될 수 있으면 서재에 가만히 있거나 까치발을 들고 거실을 지나다닌다. 수제 빵이 완성될 즈음 그윽하고 향기로운 냄새가 집안을 감싼다. 그러면 흡사 빵집으로 착각할 정도다. 이제 빵을 사람들에게 나누어주어야 한다. 아내가 전화를 걸어서 지금 빵을 가지고 갈 테니 각자 아파트 앞으로 나와 있으라고 한다. 그럴 때 나는 가만히 있으면 안 된다. 각자 친구의 아파트까지는 차로 10분 정도 소요되니, 미리 준비하고 차를 대기시켜야 한다. 음식을 만드는 데 고생을 한 아내를 위해서 배달 정도는 해줘야 한다.

나는 아내가 지인들과 전화하는 소리를 듣고도 가만히 있었던 세월이 있었다. 아내는 스스로 잘하는 사람으로 여기고 아내가 혼자서도 빵을 잘 배달할 줄 알고 가만히 있었던 때였다. 지금은 그렇게 눈치 없는 행동은 하지 않는다. 전화하자마자 미리 옷을 입고 아내에게 차를 준비할 테니 준비되면 나오라고 한다. 그러면 아내는 알았어요, 하고 나와서 조수석에 타고 친구 집 앞으로 가서 빵을 준다. 이 얼마나 눈치 빠르고 스마트한 삶의 모습인가. 이런 눈치가 50이 넘어서 생겼다. 눈치 없이 아내가 빵을 들고 혼자 나가 운전을 하고 친구에게 빵을 전달하는 모습은 측은하기까지 하다. 사람은 어느 정도 눈치가 있어야 한다.

30대와 40대 나의 행동은 참으로 눈치가 없으며 가부장적이라고 할 수 있다. 그런 행동이 올바르다고 여기고 있었다. 50대가 넘어가면서 아내와의 위치가 바뀌다 보니 그러한 예전의 행동들이 꼭 옳은 행동이 아니라는 것을 깨달았다. 사실 지금 내가 하는 행동들은 젊은 시절 아내가 나에게 해주었던 행동들이다. 아직도 깨우치지 못하고 젊은 시절의 습관을 그대로 하는 남편이 있을 수 있다. 그것은 어쩔 수 없는 일이다. 아마도 능력이 그만큼 되니까 그런 행동을 할 수 있을 것이다.

식사할 때는 냉장고에서 반찬을 꺼내고 아내의 물은 꼭 떠주자. 외출할 때는 아내의 신발을 미리 준비하자. 외식할 때는 내 주장만 펼치지 말고 아내의 속이 느끼하다고 하면 칼국수 집에 가고, 속이 더부룩하다고 하면 해장국집에 가고, 칼로 썰고 싶다고 하면 레스토랑에 가자.

마빈 토케이어가 지은 책 〈탈무드〉에는 이런 말이 있다.

부부가 진정으로 서로 사랑하고 있으면, 칼날 폭 만큼의 침대에서도 잠잘 수 있지만, 서로 반목하기 시작하면, 십 미터나 폭이 넓은 침대라도 너무 좁다.

오늘은 어디로 갈까요

 어린 시절 부모님들은 항상 가족과 함께했다. 무엇을 하든지 함께했다. 식사하더라도 같이 했고 싸움을 하더라도 같이 했다. 외식이나 여행은 생각해보지 못한 상황이다. 식사하더라도 같이 집에서 하는 거였다. 형제들이 육 남매가 되니 어디 나가서 식사할 수도 없었을 것이다. 집에서 먹는 것도 감지덕지했다. 지금과 비교하면 그렇다는 것이다. 다른 집도 가족들이 손을 잡고 나가서 식사하는 경우가 없으니 비교 대상이 없었다. 집에 들어가서 밥만 먹어도 너무 감사한 일이었다. 골목에서 친구들과 놀다 보면 사방이 어둑해지고 한 명씩 집으로 들어간다. 부모님의 퇴근이 늦어지면 아무도 나의 이름을 부르지 않았다.

 우리 집은 골목의 끝에 있었고 골목 어귀에서 놀던 돌을 들고 벽에다 긁으면서 천천히 집으로 돌아와야만 했다. 집마다 담벼락에 나 있는 작은 창문에 불이 켜있었고 친구들의 목소리와 그 친구들 부모님의 목소리 그리고 그릇과 수저 젓가락이 부딪치는 소리가 행복이 쏟아지는 소리처럼 들렸다. 우리 집에는 동생들이 옹기종기 모여있었고 할머니께서 준비해주시는 밥을 먹어야 했다. 부모님은 일을 끝내시고 늦게 들어오시곤 했다. 어두운 골목과 붉어진 창문과 동생들의 얼굴들이 그 당시는 쓸쓸한 면이 없지는 않았으나 지금 되돌아보면 나에게는 무엇보다도 소중한 순간이었다는 것을 알 수 있다. 누구도 경험해보지 못했을 그 차분하고도 외로운 듯한 감정이 너무 소중하다.

차를 가지고 있는 사람이 없었던 시절이다. 학교는 걸어 다니거나 자전거를 타고 다니는 거였다. 자전거도 귀하디귀한 존재였다. 중학교 때는 학교와 멀리 떨어진 곳에서 오는 친구들이 있었는데 그 친구들은 버스를 타고 다녔다. 고등학교는 집에서 멀리 떨어진 곳이었는데 나는 자전거를 타고 다녔다. 그때 처음 알았다. 자전거는 나의 의지대로 할 수 있었고, 그 위에 앉아서 있으면 마치 말을 탄듯한 기분이 들곤 했었다.

지금은 시대가 많이 변했다. 그때는 그랬다는 것이다. 무선 전화기만 하더라도 그 당시에는 SF소설에서나 구현되던 꿈의 기계였다. 길거리에서 멀리 떨어진 사람에게 걸어가다가 전화하는 것은 지금은 너무나 자연스러운 모습이다.

딸이 외지에서 공부하다가 간혹 집에 올 때가 있다. 그러면 딸과 같이 그동안 우리 부부가 가보았던 맛있는 식당이나 장소에 방문하게 된다. 식당에서 식사하다가 맛이 있으면 벌써 아이들 생각이 절실하게 난다. 아내는 항상 우리 딸과 같이 먹었으면 좋겠다는 말을 하고, 고기를 먹을 때는 아들이 있으면 잘 먹었을 텐데 하는 생각을 한다.

아들 둘이 타지로 공부하러 떠나고 막내가 대학을 가면서 비로소 우리 부부만의 자유로운 시간이 생겼다. 우리 부부는 평일 저녁에 마트를 가기도 하고 주변에 맛집으로 이름난 곳에 가기도 한다. 토요일 날도 마찬가지다. 조금 멀리 있는 곳에 식사하러 가기도 하고 경치가 좋은 곳에 갔다 온다. 비율로 따지면 3:3 정도 된다. 집에서 식사하는 것 3 나가서 식사하는 것 3이다. 외지의 맛집에 다녀오면 집에 도착해서 차에서 내릴 때면 양손 가득히 장을 본 것이 들려있게 마련이다. 어느 날 오후 양손 가득 마트에서 장을 본 과일과 반찬거리를 본 아내가 말했다. "여보 우리 너무 돌아치는 것 아니에요?" 돌아친다는 말을 들었을 때 나는 너무 웃음이 나왔다. 처음 들어보는 단어이기도 했다. 흔히 쓰지 않는 단어를 아내는 어떻게 안단 말인가. 사전에 '돌아친다'의 뜻은 '나대며 여기저기 다닌다.'라고 나와 있다. 나는 매일 글을 쓰지만 그런 재치 있는 단어가 잘 떠오르지 않는다. 그 생각만 하면 웃음이 나왔다. 그래, 우리 상황에 딱 맞는 그런 단어였기 때문이다.

저녁 식사를 하기 위하여 오후 6시 30분쯤 식당에 가면 우리 부부 같은 사람들이 몇 팀이 있는 것을 볼 수 있다. 젊은 사람은 아니다. 아이들은 모두 커서 나가 있고 집에는 내외 둘만 있는 사람들이다. 이 사람들은 돌아치는 사람들이다. 이 식당 저 식당을 다니면서 식사하는 사람이다. 나는 그 말을 줄여서 '돌아치'라고 부른다. 내 눈에는 그런 사람들이 많이 보인다. 예전에는 전혀 알아차리지도 못했고 보이지도 않았던 중년 부부들이다. 이제는 그런 분들이 눈에 들어온다. 그분들은 술을 마시기도 하지만 반주 정도이고 대부분은 오로지 저녁밥을 먹기 위해 식당에서 자리를 차지하고 있다.

딸이 오면 우리 부부가 돌아치던 곳에 같이 간다. 간월도의 횟집을 가고, 광시의 식당 '내가 조선의 한우다'라는 곳에 가고, 집 주변의 짬뽕집과 평양냉면집에 같이 가서 식사한다. 두 명이 먹다가 세 명이 먹으면 그 맛이 또 달라진다. 아들이 와서 다섯이 같이 식사하면 그 맛이 또 달라진다. 아이들의 표정과 말투 같은 것들이 우리에게는 더 없는 반찬이다. 우리 부부가 먼저 와 보았으므로 이미 맛은 검증이 된 곳이다. 자신 있게 같이 가서 먹을 수가 있다. 이렇게 우리 부부는 전국을 돌아치고 때로는 해외로 돌아친다. 아이들이 시간이 나면 같이 돌아치기도 하고 부모님이나 형제들이 시간이 허락하면 같이 돌아치기도 한다. 이젠 어디로 돌아칠지만 고민하면 된다. 잘 돌아치려면 건강한 몸이 되어야 한다. 건강을 유지하기 위해서는 규칙적이고 리듬감 있는 생활을 해야 한다. 앞으로 우리 부부가 할 수 있는 일은 잘 돌아치는 것이다.

예전에 아이들이 학교 다닐 때는 아이들을 학교에 데려다주고 다시 데려오는 일의 반복이었다. 평생 할 것 같았지만 몇 년일 뿐이다. 그 일도 시간이 지나니까 그리워진다. 학원에 데려다주고 학원 밖에서 기다리기도 했다. 기다리는 것은 운동하는 시간이기도 하고 책을 읽는 시간이기도 했다.

큰아들이 고등학교 3학년 때였다. 아들이 학교에서 야간 자습을 하고 끝날 때쯤 데리러 학교 정문 앞으로 갔다. 그 시간이면 많은 학부모가 아이들을 집으로 데려가기 위해서 학교 앞에서 기다리고 있다. 나도 아이를 기다리다가 차에 태우고 집으로 향하는 중이었다. 내 옆 조수석에는 아내가 타고 있었고 그 뒤에는 아들이 타고 있었고 운전석 뒤에는 막내딸이 타고 있었다. 뒤에 있던 아들이 "곱창이 먹고 싶다"라고 하는 것이었다. 운전하고 있는 내 귀에 그 말이 들렸다. 공부하는 학생이 곱창을 먹고 싶다는데 사줘야 한다는 생각이 들었다. 그리고 가는 방향 좌측 50m 전방에 잘 아는 곱창집이 보였고 아직도 하는지 불이 밝혀져 있었다. 급한 마음에 나는 뒤를 확인하지도 못한 채 좌측 깜빡이만 넣고 바로 차선 변경을 했다. 그때 좌측 차선에서 오는 검정 체어맨이 우리 차를 꽝하고 받았다. 그 꽝하고 충돌하는 순간 오만가지 생각이 들었다. 운전석 앞에는 다 찌그러졌지만, 다행히 아무도 다치지는 않았다. 차는 공업사로 레커차가 끌고 갔고 우리 식구는 응급실로 가서 검사를 받아보았으나 이상이 없었다. 상대편 운전자도 다치지 않고 체어맨 앞부분만 조금 찌그러져 있었다. 처음으로 교통사고를 당한 순간이었다. 그 이후 나는 차를 운전하는 공포증이 생겨서 고속도로나 차들이 속도를 내는 곳에서는 운전을 잘하지 못한다. 아들의 배고픔이 내 머리와 심장으로 전해지면서 순간 판단력을 잃었던 순간이다.

막내딸이 고등학교 다닐 때는 학원에 가면 우리 내외는 공원으로 향했다. 공원에서 걷기를 두 시간 정도 하다 보면 학원이 끝날 시간이 되어 아이를 데리고 집으로 갔다. 그때 걷기 운동을 많이 했었다. 지금도 걷기가 나의 유일한 운동이지만 그때만큼 많이 걷지는 못한다.

둘째 아들은 서산에서는 좀 멀리 있는 김천에 있는 예술고등학교에 다녔다. 연주회를 할 때면 먼 거리를 차로 운전해서 가야 한다. 먼 거리 운전을 내가 잘하지 못하므로 아내가 주로 운전해서 갔다. 아내도 나도 과속보다는 정속을 정속보다는 저속을 선호하므로, 김천까지 몇 시간이 걸렸는지 모른다. 김천은 처음 가보는 곳이다. 그 당시는 참으로 꿈만 같은 일이었다. 서산에서 김천까지의 길은 서해안고속도로를 타고 가다가 대전 당진 간 고속도로를 타고 경부고속도로 위를 달려야 하는 먼 길이었다. 이렇게나 멀리 아이를 데려다줄 줄은 아무도 몰랐던 일이다.

그것은 아이들을 학교에 데려다주고 데려오면서 생긴 에피소드다. 아이가 태어나서 초등학교에 들어가기 전까지는 밥그릇을 들고 다니면서 아이들에게 밥을 먹였다. 그리고 초등학교에 다니면서는 밥을 잘 먹으니 밥을 열심히 하는 시기였다. 김밥도 싸고 아이들이 원하는 돈가스도 하고 카레도 집에서 만들어주어야 한다. 이건 주로 아내의 일이었지만 말이다. 그리고 중학교에 다니면서부터는 학교가 집에서 멀리 있다 보니 아이들을 데려주고 데려오는 삶을 살게 된다. 그다음 삶이 바로 돌아치는 삶이다.

우리는 결혼을 하고 아이를 키우면서 아이들이 학교에 가면 데려다주고 데려오는 것이 하나의 일상이고 중요한 일이라는 것을 그전에는 예측하지 못했었다. 마찬가지로 이 돌아치는 삶 또한 미처 예상하지 못한 삶이다. 앞으로는 또 어떤 예상 못 한 일들이 우리의 삶에 찾아올지 궁금하다. 여하튼 앞으로의 삶이 어떤 방향으로 가든지 아내와 함께 열심히 돌아쳐 보고 싶다.

시작과 첫 번째 것의 의미

　학교에 다니던 시절에는 자전거만 보아도 좋았다. 차라는 것은 가질 수 없었다. 차를 타고 가족이 어딘가로 갈 필요를 느끼지 못했던 때였다. 세상이 급속도로 변했기 때문에 상상하지도 못하던 것들이 툭툭 튀어나왔다. 마이카시대의 도래도 그랬고, 핸드폰의 등장이나 컬러텔레비전의 등장도 그랬다. 사실 미리 상상하여 추측하기 쉽지 않은 일이었다. 지금 생각해보면 그런 것들은 나의 주변에만 없는 것이었지 세상의 어딘가에서는 누군가가 골방에서, 창고에서 연구를 거듭하고 있던 것이었다.

　세상에 갑자기 튀어나온 것이 아니었다. 하지만 내가 보는 주변 세상은 그러한 급진적인 세상의 혜택과는 먼 거리에 있었다. 달에 우주인이 가는 시대이지만 일부 사람들은 의심하고 믿으려 하지 않았다. 누군가 미국 사막에서 밤에 촬영하고 우주에 간 것처럼 연기하고 있다는 것이다. 그렇지 않고서야 바람이 없는 우주에서 미국 성조기가 왜 펄럭이고 있느냐는 것이다. 사고방식이 그랬다. 그러면서도 있지도 않은 외계인은 존재하고 있는 것처럼 믿으려 했다.

급변하는 세상에서 나는 의대를 졸업하고 인턴이 되었다. 그런 중에도 무슨 고집인지는 몰라도 걷거나 자전거 타기는 용납해도 차는 용납하지 않았다. 무슨 심보인지는 모르겠다. 절대 차는 사지 않을 것이라고 다짐했다. 그때까지도 차를 타고 다니는 동료는 거의 없었다. 기껏해야 오토바이였다. 그러다가 1993년도에서 94년도를 넘어오면서 전공의가 되면서 주변에서 차를 구매하는 사람이 점점 늘어났다. 마이카 시대가 도래하고 있었다.

1995년도에 우리 가족이 산 티코는 우리에게 보금자리 이상의 의미가 있었다. 지금 보면 조그마한 상자처럼 생긴 이 차는 아주 작은 소형차였다. 그러나 기능은 원룸 이상이었다. 한여름에 우리가 사는 아파트에는 에어컨이 없었는데, 집안이 찜통이었을 때 티코의 에어컨은 우리 가족을 천국으로 인도했다. 티코를 타고 근교의 계곡으로 어린 아들을 데리고 물놀이를 갔다. 티코를 세워놓고 사진을 찍기도 했고 티코를 타고 서울에 전문의 시험을 보러 가기도 했다. 그리고 공중보건의사가 되어서 보령으로 떠날 때는 여동생에게 티코를 그대로 넘겨주고 갔다.

첫 차를 사고 어린 아들을 태우고 우리 내외는 청주에서 대전까지 다녀오곤 했다. 자주 가는 곳은 예전에 살던 삼성동과 선화동이었다. 처가는 충북 제천이므로 너무 멀리 있었다. 제천까지 가는 길은 멀고도 멀었다. 지금은 고속도로가 생겨서 가는 데 수월하지만, 그 당시에는 천등산 박달재를 넘어야 하는 고행의 길이었다. 티코로는 가기가 엄두가 나지 않았다.

우리가 가는 곳은 청주와 대전의 선화동의 내가 나온 초등학교의 앞과 주변에 자주 갔다. 학교 앞에 있는 문방구와 시장을 자주 갔다. 어린 시절 이곳은 붐비는 곳이었다. 사람도 많았고 문방구도 여러 곳이 있었다. 지금은 예전보다도 더 낙후된 모습이다. 일단 문방구가 죄다 없어지고 한 곳만이 남아있었다.

헌책방이 초등학교 앞에 있었는데 중학교에 들어가고 나서 자주 찾아보던 곳이다. 책방은 가슴을 뛰게 만든다. 중학교 다닐 때 교과서를 보다 모르는 것이 있으면 이 서점에 와서 찾아보고 내용이 이해되면 기뻐했던 기억이 있다. 노벨상 수상자 왓슨과 크릭의 DNA 모형을 이해하기 쉬운 이중 나선으로 그려있는 참고서의 사진을 보았을 때, 처음으로 느끼는 발견의 기쁨이었다. 지금 서점은 애완견 용품점으로 바뀌어 있었다. 이 근방은 초등학교 때 처음으로 자전거를 빌려서 타고 돌던 곳이 있었다. 착한 문방구 주인들이 있던 곳이다. 아카데미 과학 교재 상이 있어서, 그 앞을 왔다 갔다 했고 탱크나 비행기를 보고 사서 만들어보기도 했던 곳이다. 이곳에 오고 싶었다. 지금은 그런 것이 다 없어지고 허름하고 초라한 건물과 시장이 있을 뿐이다. 여기에 있는 모든 것을 작은 차를 타고 와서 아내에게 보여주고 싶었다. 와! 그 당시에 있던 많은 사람은 다 어디로 간 것일까?

첫 차를 타고 아내와 이곳에 왔다. 나는 운전면허가 없어서 아내가 운전했다. 아내도 초보였고 운전이 미숙했다. 앞차와 옆차와의 거리감이 없었다. 천천히 가면 문제가 없지만, 뒤에서 차가 오거나 하면 긴장을 하면서 거리감이 더 없어진다. 천천히 가고 있었는데 옆에 트럭이 한 대 서있었다. 나는 조수석에 앉아있었다. 트럭이 서 있는 데도 그냥 피하지 않고 옆 백미러를 긁고 지나갔다. 우지직하는 소리와 함께 조수석 쪽의 백미러가 나갔다. 사고가 이렇게 나는구나 했다. 그 뒤로는 아내는 사고가 나지 않았다. 사고는 순식간에 일어났다. 처음 목격한 우리 차의 사고였다.

나는 운전이 무서웠다. 운전을 좋아하지 않았다. 미숙하지만 아내가 운전면허가 있으니 나는 없어도 될 거로 생각하고 지냈다. 항상 아내가 운전하면 그 옆에 타고 있으면 되었다. 그러다가 운전면허를 딴 것은 그다음 해였다. 아이가 두 명이 되고 나서는 아내가 운전하고 내가 아이 두 명을 간수할 수가 없었다. 나도 운전면허를 따야만 했다. 교수님들도 운전면허는 따야 한다고 했다. 평생 운전면허를 따지 않고 살겠다는 맹세는 어디론가 사라져버렸다. 운전면허를 따고 우리의 티코를 운전할 때 그건 예전의 운전면허가 없던 때의 생각과는 완전히 다른 것이었다. 운전이 재미있었고 흥미로웠고 즐거웠다. 전공의 3년 차부터 운전하기 시작했다. 4년 차일 때 국시를 볼 때는 서울까지 운전하고 가서 공부하기도 했었다.

눈이 많이 오던 해였다. 공부하기 위해서 서울로 가지고 갔던 책을 다시 우리 티코에 싣고 내려와야 하는 날이었다. 눈이 엄청 내렸다. 서울 지리에는 완전 까막눈인 나와 아내였다. 그 당시는 내비게이션이 없어서 이정표를 보거나 지나가는 사람에게 물어보며 운전해야 했다. 폭설이 내리다 보니 이정표도 보이지 않고 도로도 보이지 않았다. 아내와 나, 큰아들은 작은 차 안에서 무서워서 떨고 있었다. 큰아들은 고작 태어난 지 3년도 되지 않은 해였다. 쏟아지는 폭설로 우리 부부는 도로에서 가지도 못하고 벌벌 떨고 있었다. 다행히 큰아들은 잠을 자서 다행이었다. 아이까지 무섭다고 울었다가는 우리는 더 큰 혼란에 빠졌을 것이다. 흥분하지 않고 천천히 눈이 잦아들기를 기다리다 보니 이정표가 보이기 시작했고 길이 드러났다. 우리는 무서운 서울에서 무사히 집으로 올 수 있었다. 전문의 시험에 합격하고 티코를 동생에게 양도하고 공보의 근무지인 보령시로 떠났다. 그렇게 우리의 첫 차와도 안녕을 고했다.

모든 첫 번째 것은 어설프고 고독하다. 따뜻함이나 자신만만하고는 거리가 멀다. 누군가 돌봐주어야 한다. 혼자서 가기에는 눈을 감고 외줄을 타는 것과 같다. 한편으로는 그런 것이 인생이라는 생각도 든다.

 큰아들이 운전면허를 따고 나에게 운전을 배우기 위해 왔다. 처음에는 사람이 없는 넓은 서산시 체육관 주차장에서 조심조심 핸들을 꺾는 방법과 브레이크를 미리 부드럽게 밟는 법 등을 알려주었다. 그다음으로는 사람이 없는 국도에서 정속 주행에 대하여, 차선 변경과 추월하는 것에 대하여 알려주었다. 운전이 익숙하고 자신감이 생겼을 때 도심에서 운전하는 것도 알려주어야 한다. 이때는 나는 조수석에 타지 않았다. 아들 혼자 운전석에 앉아 운전했다. 아들의 차가 도심의 차 물결 속으로 서서히 들어갔다. 어린 병아리의 걸음걸이처럼 뒤뚱거리며 가는 차의 모습이 내 마음속에서 아른거렸다. 너무 일찍 운전을 시킨 것은 아니지, 아직은 미숙한 듯한 모습에 눈물이 날 것만 같았다.

 외과 전공의 1년차 때 '이와이(집도식)'라는 행사를 한다. 이와이(집도식)라는 말은 일본말로 축하, 시작, 경사 이런 말을 뜻한다고 한다. 외과에서는 가장 큰 행사이다. 1년 차가 무사히 끝날 즈음 이제 외과 의사로 첫발을 디디는 것을 축하하는 의미의 행사이다. 보통은 첫 맹장 환자의 맹장을 자를 때 사용한 메스를 받기도 하지만 나는 교수님들로부터 메첸바움이라는 수술용 가위를 받았다. 오랜 시간이 지난 지금도 간직하고 있으며, 이 가위를 보며 초심을 잊지 않으려 하고 있다. 전공의 4년 마치고 공중보건의사 3년을 복무하고 봉직의로 근무하였다. 이곳에서는 외과 과장으로 혼자 결정하고 수술하여야 한다. 언제나 처음 같다. 언제나 첫 발자국 같다. 언제나 살얼음판을 걷는 것과 같다. 내가 바라고 고대하던 일이었으므로 봉직의 6년간 5천 건의 수술을 하였다. 너무 감사한 일이며 모두 무사하고도 안전하게 수술을 마칠 수 있었던 것은, 학생 때 의대 교수님들의 헌신적인 가르침과 의사를 하면서 외과 교수님들의 환자에 대한 열정을 그대로 배웠기 때문이다.

식성은 다를 수 있다

　나는 아침 점심 저녁을 차려서 가족이 함께 천천히 식사하는 것을 좋아한다. 반면에 아내는 배가 고프면 식사 시간이 아니더라도 조금씩 먹는 것을 더 좋아한다. 또는 일하다가도 조금씩 먹는 것을 즐기는 편이다. 고구마나 생라면 그리고 누룽지를 조금씩 먹기를 좋아한다. 평소에는 문제가 없으나 쉬는 날이면 식사 습관 차이가 생겨 잘 맞추어야 한다.

　쉬는 날 아침을 먹어야 하는데 아내는 이미 무언가를 조금 먹은 상태라 배가 고프지 않다. 그러니 아침을 차릴 생각을 하지 않고 있다. 같이 아침을 먹으려면 얘기를 해서 같이 차리고 먹어야 한다. 뭐 먹고 싶은 사람이 차리면 되지 않냐고 하지만 아내는 내가 혼자 차려서 먹는 것도 좋아하지 않는다. 본인이 차려줘야 속이 시원해하기 때문이다. 만약 아내가 친구를 만나러 나간다면 내가 차려 먹으면 되지만 집에 있다면 직접 차려주는 것을 기다려야 한다. 아내의 준비된 계획에 따라 주어야 한다.

주변에 보면 부부 사이에 식성이 맞지 않아 고생하는 사람들이 있다. 여자 직원은 주로 해물을 먹는데 육식은 전혀 하지 못한다. 햄버거도 불고기버거를 먹지 못하고 새우버거를 먹는다. 순댓국이나 뼈 해장국은 먹지 못하고 묵 밥을 먹는다. 여행을 가게 되면 가족이 같이 좋은 음식을 먹을 때가 있다. 바닷가가 아니라면 대부분 육식을 하는데 엄마가 육식을 못 하면 그 가족은 모두 육식을 좋아한다고 해도 그 식당을 들어갈 수가 없다. 대도시에서 해물 요리를 하는 곳을 찾고자 해도 찾지 못하는 때도 있다. 차로 돌고 돌다가 집 근처에 와서 해장국을 먹은 적도 있다고 한다. 이렇게 식성이 다르면 가족 간에 고생이 이만저만이 아니다.

아내의 친구 중에도 육식을 싫어하고 해물만 먹는 사람이 있다. 남편도 해물만 좋아하고 육식을 싫어한다면 문제가 없을 것이다. 그런 경우가 많지는 않을 것이다. 보통은 남편은 해물보다는 육식을 좋아한다. 명절날에 고기를 기대하고 처가에 갔다고 한다. 처가에서도 오랜만에 사위가 왔으니 고기를 해주면 얼마나 좋았겠는가. 딸이 육류를 먹지 못하니 딸에게 맞추어 주려고 당연하듯이 오징어 국을 푸짐하게 했다고 한다. 처가 식구들은 너무나 맛있게 식사하는데 친구 남편은 식사하지 못하고 얼굴이 시무룩하게 있더라는 것이다. 처제가 형부는 왜 식사하지 않냐고 하니까 그 형부는 어렸을 때 오징어 국을 먹을 때 바퀴벌레가 나온 것을 본 이후에 오징어 국은 먹지 않는다고 했다고 한다.

사실 그 이야기는 가족이 다 아는 이야기였고 매년 식사 시간에 그 이야기를 했다고 한다. 아내의 친구는 아무리 그래도 국에서 벌레가 나온 이야기는 다 아는 이야기인데 하지 말았어야 했다고 서로 얼굴을 붉히면서 대판 싸웠다고 한다. 이렇게 식성이 다르면 가족이 화합하지 못하는 경우가 있다. 결국, 그 부부는 같이 살지 못하고 주말 부부로서 따로 살고 있다.

아내는 다행히 나하고 좋아하는 음식이 같다. 내가 좋아하는 것은 아내도 거의 다 좋아한다. 어디 놀러 가면 아내가 가자고 하는 곳으로 가면 나도 좋아라 하고 먹는다. 다행히 나는 무엇이든 없어서 못 먹지 가려서 안 먹지는 않는다. 그래서 어디 해장국집이든 생선요리이든 오리 백숙 집이든 같이 가서 먹으면서 항상 감사하고 있다.

아내는 많이 먹지는 않는다. 조금만 먹고 그만둔다. 아내처럼 먹는다면 나는 아마 몸무게가 지금의 반 정도 나갈 것이다. 그만큼 아내의 먹는 양은 적다. 마트에서 장을 보아도 주로 내가 먹는 것을 장보게 된다. 아내 먹는 것을 장보는 것은 거의 없다.

아내는 떡볶이를 좋아한다. 아내는 아보카도를 좋아한다. 아내는 만두를 좋아한다. 아내는 천성적으로 몸에 좋지 않은 것을 금방 안다. 입에 넣어서 몸이 받지 않으면 먹지를 않는다. 국 국물이 조금만 짜도 집에 와서 속이 좋지 않다고 한다. 음식이 약간만 달아도 입안이 이상함을 안다. 나는 그렇게 입맛이 예민하지 못하다. 일단 입에 넣어서 먹는다. 그리고 한참 있어야 소화가 안된다거나 신트림이 나온다거나 배가 불편하다거나 하는 신호가 온다. 아내는 그렇지 않다. 입에 넣자마자 또는 넣지 않고도 냄새나 느낌으로도 이 음식은 몸에 해롭다고 하는 것을 안다. 아내는 몸으로 느끼는 음식 감별사이자 음식 치료사이다.

아내는 술을 마시지 않는다. 평생 살면서 술을 마시는 것을 본 적이 없다. 교회에서 성찬식 때 조그만 잔에 포도주를 마시는 건 본 적 있다. 지금은 나도 술을 마시지 않지만 젊은 시절에 내가 술을 마시면 아내는 차려주기는 했었다. 그리고 맥주를 같이 마시러 나가면 같이 가주기는 했지만 마시지는 않았다. 어느 날 지인들과 가족 모임이 있었다. 같이 나온 형수님들은 모두 술을 남자처럼 잘 마셨다. 그러면서 아내도 술을 잘 마시면서 못 먹는 척 하는 건지도 모른다고 했다. 하지만 아내는 정말로 술을 마시지 않는 사람이다. 보통 음식에도 음식 간이나 양념에 바로 반응을 하는 정도이기 때문에 술같이 강한 음식에는 적응하지 못하는 것 같다. 차라리 술을 잘 마셨더라면 어땠을까도 생각해보았다.

친구 중에는 집에서 아내와 같이 술을 마시는 사람들이 있다.

요즈음에는 유튜브나 텔레비전에서도 부부가 술을 마시는 장면이 많이 비춘다. 나도 그런 장면을 기대하면서 집에서 같이 마셔보려 했었다. 그러나 아내는 술을 마시지 않았다. 이제는 아내가 술을 마시는 장면을 상상해보면, 이상할 것 같다. 여자 중에는 술을 잘 마시는 사람도 여럿 보았다. 어디선가 술을 배운 모양이다. 나는 아내에게 술 마시는 법을 알려주지는 못했지만, 아내의 권유로 내가 술을 끊을 수 있었다. 아내가 나의 술버릇을 따라오지 않고 내가 아내의 술을 마시지 않는 것을 따라갔다.

살다 보니 부부의 식성도 점점 닮아가기도 한다. 젊은 시절에는 잘 먹지 못하던 것도 나이가 들면서 먹게 된다. 우리 부부는 생선회라는 것을 1997년도 보령에서 처음 먹어보았다. 아마도 붕장어회나 낙지탕탕이는 먹어보았을 것이다. 큰 회 접시에 풍성하게 올라가 있는 회는 보령에서 공중보건의를 할 때 처음 먹어보았다. 어쩌면 먹어보았을 수 있지만 그렇게 싱싱하지는 않았는지도 모르겠다. 보령에서 먹은 회는 기름지고 찰진 광어와 우럭회였는데 아내와 나의 입맛을 사로잡았다. 일주일에 한 번은 바닷가에 가서 회를 같이 먹었던 기억이 있다. 이럴 때도 아내는 술을 마시지 않았다. 어떤 사람은 회를 어떻게 술도 마시지 않고 먹냐는 사람도 있다. 하지만 나의 경우는 지금 술을 마시지 않고도 회를 잘 먹고 있다. 오히려 술을 마실 때보다도 더 맛을 음미하며 먹고 있다.

보령시 천북면의 굴을 좋아한다. 지금도 찬 바람이 부는 겨울에는 1년에 한두 번 천북에 가서 같이 먹는다. 오천면의 키조개와 간자미를 좋아한다. 수려한 서해의 풍광을 보면서 해안가를 조용히 달리다 보면 간월도를 지나 남당항을 지나 천북과 오천이 나타난다. 사람들이 줄서 있어도 우리는 끝까지 줄을 서서 기어코 먹고 만다. 나는 줄 안 서는 옆집을 가자고 하지만 아내는 여기까지 와서 아무 식당에서나 먹을 수 없다고 하면서 기어코 줄을 서다가 들어간다. 그러면 만족하는 곳도 있고, 아니 고작 이것을 먹기 위해서 이 고생을 했나 하는 생각이 들기도 하지만 아내는 그렇게 먹으면 훨씬 더 맛있다고 한다.

제주도에 갔을 때 고사리를 원료로 하는 해장국 집에 갔는데 그 식당이 그랬다. 아내는 만족했지만 나는 그렇게 만족할 수 없었다. 그래도 어디 맛이 중요하겠는가. 같이 줄을 서는 과정이 좋고 기다리면서 나누었던 이야기가 좋았다. 그거면 만족한다.

앞으로도 나는 아내가 가자고 하는 곳을 따라갈 것이다. 아내가 먹자고 하는 것을 먹을 것이다. 왜냐하면, 아내는 나처럼 많이 먹지는 않지만, 몸으로 느끼는 음식 감별사이고, 스스로 음식을 피할 줄 아는 음식 치료사이기도 하기 때문이다.

내 마음속의 영웅

　아이들이 소풍 가는 날이면 아내는 전날 새벽에 일어나서 부지런히 김밥을 말았다. 잠결에 참기름 냄새가 코로 들어왔지만 깨지 못하고 해가 뜨고서야 일어났다. 그런 날이면 겨우 김밥 몇 개를 먹고 출근하던 시절이 있었다. 아내도 피곤할 텐데 전혀 피곤한 얼굴이 아니었다. 오히려 기쁨에 넘쳐 김밥을 쌌다. 아마도 소풍 가서 맛있게 아이들이 먹는 생각하면 기분이 절로 좋아지는 것 같았다. 아이들이 중고등학교에 다닐 때는 매일 등하교를 차로 시켜주었다. 그것 또한 즐거운 마음으로 같이 하는 모습이었다. 이런 일은 나의 아내뿐 아니라 모든 부모가 같은 마음으로 하리라고 생각한다. 어디 소풍을 가거나 등하교뿐이겠는가. 아이를 낳은 그 순간부터 아내는 내가 알던 여자가 아니었다. 엄마가 되는 순간, 여자는 또 다른 위대한 존재로 바뀌고 있었다. 아내가 엄마가 되는 순간 세상의 모든 것을 변화시켰다.

그것은 아이를 향한 숭고한 사랑이 깃든 엄마의 마음이었다. 우리 어머니의 마음에서 느껴지던 그런 마음이었다. 숭고한 마음이었으며 하나님이 사랑하는 그런 지고지순한 마음의 결정체였다.

나는 성경책을 보다가 문득 하나님이 좋아하는 사람은 어떤 사람인가를 나타내주는 문구를 보게 되었다. 역대하 9장 31절의 말씀과 고린도후서 6장 9절의 말씀이다.

역대상 첫 부분은 사람 이름으로 가득 차 있어서 읽기가 쉽지 않다. 그런데 그중에 눈을 멈추게 한 구절이 바로 9장 31절, '맛디댜'라는 사람에 관한 말씀이다. "고라 자손 살룸의 맏아들 맛디댜라 하는 레위 사람은 떡 굽는 일을 맡았으며" 하는 내용이 나온다.

언뜻 보아서는 그다지 의미 있는 구절이 아닌 듯하다. 그러나 역대상 9장의 흐름을 보면 고개를 갸웃하게 된다. 역대상 9장은 유다가 멸망할 때 포로로 잡혀갔다가 돌아온 백성들의 명단을 각 지파와 가문의 대표자를 중심으로 기록했다. 그런데 사람 이름과 직무를 한 구절 안에서 직접 연결해 "아무개가 이런 일을 맡았다"라고 한 것은 31절이 유일하다. 성경은 왜 하필 떡 굽는 사람의 이름을 특별히 기록했을까?

떡 굽는 일은 탁월한 리더십이 필요하지도 않고 특별한 기술이나 창조력도 필요 없는 일, 한마디로 영향력이라고는 거의 없는 일을 하는 맛디댜를 성경은 왜 특별하게 기록했을까?

답은 단순하다. 하나님의 시각으로 볼 때, 맛디댜가 하는 일은 특별하다. 다시 말해서 맛디댜가 하는 일은 '하나님 앞에서' 특별하다. 맛디댜는 자신의 맡은 '특별한 일'을 특별한 일답게 했을 것이다. 떡을 굽는 일, 빵을 굽는 일, 전병을 굽는 일, 그냥 쉽게도 할 수 있는 일이지만 맛디댜는 온 정성을 기울였을 것이다. 하나님이 기억하실 만큼 말이다. 이스라엘의 위대한 지도자 중에서도 역대상하의 명단에 빠진 사람들이 적지 않다. 그러나 아무도 주목하지 않는 작은 일을 온 마음으로 감당한 맛디댜, 아무리 열심히 해도 부자 되는 것과 상관없는 그 일을 기쁨으로 계속한 맛디댜를 하나님은 분명히 기억하신다. 그러니 우리가 생각하는 중요한 일과 하나님이 생각하시는 중요한 일은 분명히 다른 것이다.

아무리 많은 보화와 높은 명예를 가진다 해도 하나님이 기억해 주시는 것과는 비교할 수가 없다. 하나님은 바로 그 사실을 일깨워 주면서 위로하고 힘을 주고자 한 것이다. 비단 맛디댜만이 아니라 그와 같이 살아가는 사람들을 하나님이 기억하신다는 사실을 말이다. 그러나 이것은 위로만이 아니라 준엄한 책망이기도 하다. 이 백성은 하나님을 위해 모든 것을 버리고 왔지만, 백성들의 눈은 하나님이 아니라 이 땅을 더 많이 향하고 있었다.

신앙생활은 하지만 기쁨 없이 살아가는 백성, 자기는 다 내어놓았지만 받아 누리는 것은 없다고 불평하는 백성들을 볼 수 있다. 이들을 향해 하나님은 맛디댜의 이름을 통해 이렇게 말씀하신다. "너희의 눈을, 너희의 기준을 바꾸어라! 땅만 바라보는 그 눈을 들어 하나님을 바라, 보아라!" 이것이 바로 현실의 어려움을 이겨내는 능력의 근원이다.

지금 시대를 꾸짖는 것처럼 보이기도 한다. 어떤 목사는 자식에게 대물림하기 위해서 파렴치한 일을 하는데 그것이 잘못된 일인지도 모르고 하고 있다. 어떤 사람은 돈을 모으는 일이라면 간과 쓸개도 모두 빼줄 것처럼 하는 사람도 있다. 하나님이 바라는 올바른 행동을 하는 것이 아니라 자기가 세워놓은 기준이 옳다고 행동하는 사람들이다.

고린도후서 6장 9절에서 10절에는 이런 말씀이 있다.

> 무명한 자 같으나 유명한 자요, 죽은 자 같으나 보라 우리가 살아있고 징계를 받은 자 같으나 죽임을 당하지 아니하고 근심하는 자 같으나 항상 기뻐하고 가난한 자 같으나 많은 사람을 부유하게 하고 아무것도 없는 자 같으나 모든 것을 가진 자로다.

무명한 자 같으나 유명한 자, 맛디댜는 그런 사람이었다. 세상 사람들은 맛디댜라는 이름을 모른다. 그러나 하나님은 아시고, 그래서 하나님의 책에 그 이름을 기록하신 것이다. 그런 사람은 죽은 자처럼 아무 능력도 없어 보인다. 그러나 누구보다도 힘 있게 살아있다. 영원한 삶을 살고 있기 때문이다. 그는 사는 게 평탄치 않아서 근심하는 사람처럼 보인다. 그러나 항상 기뻐한다. 하나님과 친밀한 교제를 누리고 있기 때문이다. 그는 가난한 사람 같다. 실제로 이 세상의 기준으로 가난하다. 그러나 많은 사람을 부유하게 하는 사람이다. 맛디ㄱ, 그가 구운 떡으로 예배하며 나누는 많은 사람이 있었다. 그는 예배자들을 부유하게 하는 사람이다. 그리고 하나님이 그 사실을 기억한다. (송준석 목사님이 지은 책 '무명한 자 같으나 유명한 자'를 참고하였음)

나의 아내는 그런 사람이다. 누구에게나 빵을 만들어 주기를 좋아하는 사람이고, 만두를 만들어 이웃집에 나누어 주기를 좋아하는 사람이다. 누가 인정해주는 것을 바라지도 않으면서 정성으로 이웃의 고마움에 보답하는 마음으로 만든다고 한다. 내가 할 수 있는 일이 빵 만드는 것이므로 빵을 만들어서 이웃과 나누어 먹는다고 한다. 이런 행동이 결혼 초부터 지금까지 한결같다.

아이들을 위해서도 부모님을 향해서도 마찬가지의 사랑을 보여준다. 또는 친척이나 형제들 간의 돌봄도 마찬가지다. 무엇을 원하고 무엇을 얻기 위함이 아니다. 나에게 무엇을 가져다주는 것이 없어서 더 열심히 하는 것 같다. 어떤 행위를 해서 무슨 이득을 얻는다면 그렇게 희생의 정신을 발휘하지 못할 수도 있다. 아내는 무명한 자 같으나 유명한 자요, 무명의 영웅(unsung hero)다.

웃을 수만 있다면 미끄러져도 좋아

비가 자주 온다. 유럽이나 중국은 극심한 가뭄으로 강바닥까지 훤히 바닥을 보이지만, 쿠웨이트나 우리나라는 비가 많이 오고 있다. 가뭄이 들든지 장마가 지든지, 과하면 사람은 힘들어진다. 그런 이야기를 퇴근하는 차 안에서 나누면서 아내와 나는 집으로 향하고 있었다.

최근 들어 내 몸이 더 건강해지고 있다고 말하고 있었는데, 아차 하며 이런 말은 하지 말아야 한다는 생각이 스쳤다. 이런 것을 입방정이라고 한다. 30대엔 일을 과하게 하고 쉬지 못해 몸이 편한 날이 없었다. 조금 시간이 나면 쉬기보다는 무언가를 하려 했다. 40대도 마찬가지였다. 모임에 나가서 술을 마시다 보면 다음 날은 기진맥진하는 날이 많았다. 반면 지금은 일도 많이 하지 않고 술도 마시지 않는다. 그런데도 몸이 이곳저곳이 아프다. 어깨가 아프지 않으면 무릎이 아프고 아니면 옆구리가 아프다. 그런데 오늘은 그렇지 않았다. 아픈 곳이 한 군데도 없었다.

차가 지하 주차장으로 들어갔다. 비가 많이 온 까닭에 주차장 바닥에 군데군데 차에서 떨어진 물이 고여있었다. 주차장에는 기둥 사이에 세대의 차를 세울 수 있게 되어있다. 두 대의 차 사이에 주차했다. 운전석에서 내리기는 조금 좁았다. 아내가 내리는 곳은 편하게 내릴 수 있게 공간을 확보했다. 나는 차 사이를 비집고 나오느라 이미 힘이 다 빠졌다. 아내는 쉽게 나와서 아파트 입구의 엘리베이터로 걸어가고 있었다. 나는 차 뒤에 방지턱이 있는 것을 알지 못하고 그만 발이 걸리고 말았다. 왼발이 방지턱에 걸리고 넘어지려고 하는 순간 오른발로 땅을 디디면 되는데, 그 디디려고 하는 바닥에 물이 고여있었다. 그대로 미끄러지면서 바닥으로 고꾸라지고 말았다. 일순간 하늘이 노래지면서 큰일이 났구나 하는 생각이 먼저 떠올랐다. 좌측 어깨와 좌측 가슴이 물이 흥건히 고여있는 바닥에 부닥쳤다. 골절이면 어쩌지 하는 생각이 퍼뜩 떠올랐다. 만져보니 아프기는 해도 크게 골절은 없어 보였다. 앞서가던 아내는 내 비명을 듣고 다가왔다. 물속에 누워있는 모습을 보고 처음에는 놀란 눈치였는데 잠시 뒤에는 손뼉 치며 웃고 있었다.

아내도 처음에는 쓰러져 있어서 심장마비라도 온줄 알았다고 한다. 가까이 다가와서 보니 그래도 크게 다치지 않고 물속에 젖은 모습으로 있는 모습이 너무 웃겼다고 한다. 아무리 아파도 웃고 있는 아내에게 화를 낼 수는 없다. 처음에 넘어질 때보다 조금 지나니 통증이 조금씩 가셨고 일어날 만했다. 다행히 어깨나 가슴 쪽으로 골절은 없는 것 같았다.

나와 아내는 같이 일을 하고 있어서 24시간 같이 있는 거나 마찬가지다. 같이 있다고 해서 항상 돌봐주고 관심이 있는 것은 아니다. 중요한 일이 있을 때, 특히 나에게 중요한 일이 터지면 그렇게나 옆에 있던 아내가 보이지 않는다.

3년 전에도 그런 일이 있었다. 추운 겨울이었고 저녁이었다. 슈퍼마켓 주차장에 차를 세우고 아내는 차 안에 있고 내가 가서 식료품을 사서 나오는 순간이었다. 양손에 물건을 들고 슈퍼 문을 나서면서 보니, 아내는 차 안에서 핸드폰을 열심히 보면서 무엇이 그렇게 재미있는지 웃고 있었다. 그때 거리는 추웠고 눈보라가 쉴 새 없이 날리고 있었다. 바닥이 약간 미끄럽기까지 했는데, 층이 진 바닥을 보지 못하고 발을 헛디디고 말았다. 나는 한 바퀴 돌면서 물건을 손에서 놓치고 그대로 땅에 엎어지고 말았다. 바로 아내가 타고 있는 차 앞이었다. 내 양손에서는 피가 나고 있었고 무릎이 깨져 옷이 해어졌다. 아내를 부를 요량으로 겨우 일어나서 차 보닛을 집고 주먹으로 보닛을 쳤지만, 아내는 쳐다보지 않았다. 큰 소리로 부르면서 주먹으로 쳐도 핸드폰 소리가 큰지 쳐다보지 않았다. 무릎은 계속 쑤셨고 추운 날씨 때문인지 점점 더 파고드는 통증으로 욱신거렸다. 아내가 좀 나를 보았으면 좋겠는데, 좀 부축해서 차 안으로 같이 들어갔으면 좋겠는데 아내는 쳐다보지 않았고 계속 핸드폰에 얼굴을 박고 웃고 있었다. 어쩔 수 없이 기다시피 차 문을 열었다. 아내는 해맑게 웃으면서 왜 이리 늦었냐고 한다. 나는 통증과 무릎 상처의 쓰라림을 억누른 채, 한숨을 돌리고 떨리는 목소리로 내게 일어났던 일을 아내에게 이야기했다. 해어진 손과 무릎의 출혈 흔적으로 보여주었다. 아내는 그제야 자기 일처럼 안타까워하면 손과 옷에 묻은 흙을 털어주었다.

1997년도에 우리 가족은 대천에서 살고 있었다. 간혹 아이들과 대천 앞바다에 가서 수영했는데, 그날은 파도가 높이 치는 날이었고 아이들과 아내는 파도가 무섭다고 바다에 들어오지 않고 물 밖에서 모래성을 쌓는 놀이를 하고 있었다. 파도가 칠 때 파도를 타면 너무 재미있었지만 아무도 무섭다고 바다로 뛰어들지 않았다. 파도가 오면 발로 살짝 바닥을 차며 물에서 뛰어오르며 아이들에게 소리쳤다. 엄청 재미있으니 빨리 바다로 들어오라고 말이다. 하지만 식구들은 내 말에 아랑곳하지 않았다.

파도가 그렇게 무서운 것인 줄 그날 처음 알았다. 저 멀리서 내 키보다 조금 높은 파도가 다가오고 있었고 여느 파도처럼 타면 되려니 하고 있었다. 그러나 그렇지 않았다. 파도는 나를 후려쳤고 그야말로 바닷속 깊숙한 그 어느 곳에 내동댕이쳤다. 나는 고꾸라져서 정신을 잃기 직전이었다. 입이고 귀고 입이고 모래가 들어와서 이제는 죽는다고 생각하고 있었다. 그러나 파도는 다시 나를 모래사장에 올려놓고 바다로 멀어져갔다. 꼴골이 말이 아니었다. 콧물 눈물 모든 구멍에서 물이 나오고 있었다. 나는 힘들어 죽겠는데 그런 내 모습을 보고 아이들과 아내는 재미있다고 깔깔거리며 웃고 있었다. 그런 와중에도 가족들이 웃는다면 그리고 내가 죽지 않았다면 다행이라고 생각했다.

결혼할 때 아내의 얼굴에 항상 웃음이 떠나지 않게 하겠다고 다짐했었다. 하지만 돌아보면 그런 즐거움보다는 아내의 얼굴에 그늘을 드리운 적이 더 많은 것 같다.

젊은 시절에는 이런저런 일로 모임이 많았다. 모이면 이 핑계 저 핑계로 술을 많이 마셨다. 술을 적당히 마시면 좋지만, 술이란 '적당히'가 없는 음식이다. 한 잔을 마셔도 한 모금 담배를 피우는 것과 마찬가지다. 적게 마셨다고 마시지 않은 것은 아니다. 건강을 위해선 세 잔 정도는 괜찮다는 것은 주당들이 위안을 위해 하는 소리일 뿐이다. 즐거운 마음에 집에 들어와도 술 취한 가장의 모습은 무언가 불안하고 우울한 뒷모습을 보이기 마련이다. 그렇게 아내와 가족의 마음에 상처를 줄지도 모르는 행동을 했던 것 같다.

전공의 시절 내가 심실상성 빈맥으로 입원했을 때 아내는 옆에서 정성으로 돌봐주었다. 최근에 과로로 쓰러졌을 때도 아내는 성심성의로 기도를 하며 나를 돌봐주었다.

　이제는 아내를 행복하게 해주고 싶다. 넘어지든 손이 깨지고 무릎에 상처가 나더라도 아내에게 웃음을 선사하고 싶다. 그게 나의 작은 소망이자 바람이다.

춤이란 이런 것이다

춤을 추어본 적이 있는가. 춤이라면 나의 이력도 나쁘지는 않다. 나에게 춤에 대하여 영향을 미친 사람을 들라면 나는 세 명을 들고 싶다. 두 명은 고인이 되었고 한 명은 지금도 잘 살고 있다.

처음 이 사람들의 춤을 보았을 때 정신이 멍하고 새로운 세상을 보는 기분이었다. 처음 한 명은 고 이기동 코미디언이다. 이분의 춤은 '엉거주춤'이라는 춤으로 엉덩이를 약간 뒤로 빼고, 앞으로 걸어가면서 양손으로 머리를 쓸어올리는 춤이다. 내가 6살에서 8살 무렵 전국을 강타한 춤이다. 그 당시 최소한 나에게는 한시도 그 춤을 떠나서는 살 수 없는 상황이었다. 내 기억으로는 그렇다. 어디 가서나 그 춤을 추었다. 자다가도 놀다가도, 동네에서도, 식구들 앞에서도, 멀리 서울의 외할머니댁에 가서도 모르는 사람들 앞에서 그 춤을 선보였다. 내가 생각하기 이전에 몸이 그렇게 움직였다. 춤을 춘 후의 그 환호를 잊지 못한다. 여운이 찐하게 가슴에 남겨져 있다.

두 번째 분은 바로 마이클 잭슨이다. 20살 무렵 시내의 길을 가다가 텔레비전에서 나오는 문워크 춤을 보고 그 자리에서 얼어붙었다. 가슴이 뛰고 다리가 들썩거렸는데, 이것은 내가 그동안 생각하던 세상의 행동이 아니었다. 보인다고 다 할 수는 없다. 먹는다고 다 그 맛이 나는 것도 아니며, 따라 쓴다고 그 명필의 글이 나오는 것은 아니다. 마이클 잭슨의 춤은 피와 근육과 뼈와 뇌와 시냅스가 모두 하나로 이어져서 태생부터 그렇게 만들어진 것이었다. 그 순간만은 모차르트나 베토벤이 와도 비교할 수 없었다. 멋이란 것이 폭발했고, 그대로 터졌다. 철학이 담겨있었고 예술이 담겨 있었으며 오스트랄로피테쿠스부터 내려온 인간의 역사 속의 몸부림 바로 그것이었다. 이런 영향은 나에게만 온 것이 아니라 전 세계인에게 파급되었다. 대학 때 아르바이트를 하는데 같이 하는 동료 중에 춤의 고수가 있어서 아르바이트하면서 틈틈이 배웠다. 그리고 학년이 모여서 춤 대회를 할 때 나는 거기서 날아다니며 춤을 추었다. 춤으로 1등을 했다. 그 이후로 나의 별명은 한동안 마이클 조였다.

세 번째 분은 바로 나의 아내다. 결혼하기 전에 나는 나이트클럽을 간 적이 있었다. 아마도 1990년대 초반일 것이다. 나이트클럽에 친구 3명과 같이 놀러 온 여자를 보았다. 나도 따로 친구들과 놀러 갔다가 그 여자분들이 춤을 추는 것을 보게 되었다. 4명이 같이 무대 중앙에서 디스코인지를 추고 있었는데 유독 한 여자만이 춤이 달랐다. 젊은 20대 초반 여자들의 춤은 아름답고도 유혹적이었다. 보통 그 무대의 여자들은 일반적인 내가 아는 춤을 추고 있었는데 유독 눈에 띄는 여자가 한 명 있었다. 그 여자는 다른 사람과 반대로 춤을 추고 있었다. 다른 여자들은 약간 고개를 숙이고 팔을 안으로 모으고 발도 많이 벌리지 않고 춤을 추었다면, 그 여자는 반대로 춤을 추고 있었다. 20대 초반이라고 생각한다면 조금은 나이 든 사람이 추는 춤 같기도 했고, 어색한 듯하면서도 자유로운 듯한 춤이었다. 고개를 숙이지 않고 위로 들었으며, 손을 모으지 않고 한없이 벌리는 춤이었고, 보폭도 남들보다는 넓게 하고 춤을 추고 있었다. 다른 사람에게는 어떻게 보였는지는 모르지만, 나에게는 독특하고도 대단하다고 느껴지는 춤이었다.

그 후로 30년이라는 세월이 흘렀다. 그 존경하던 분들은 모두 고인이 되었고 내 뇌리에는 그분들의 동작과 리듬과 한 시대를 같이 했다는 영광만이 자리 잡고 있다. 하지만 그 나이트클럽에서 특이한 춤을 추던 여자는 나의 아내가 되어 지금 나와 같이 살고 있다. 나는 춤을 잘 추는 그런 날렵한 몸이 되지 않았다. 주로 앉아서 일을 많이 하다 보니 몸무게는 늘어날 대로 늘어나고 배는 나올 대로 나와서 이제는 무엇을 해도 어색하다. 어떤 유튜버는 나이가 들고 배가 나와도 리듬에 맞춰 춤을 잘 추는 사람이 있다. 그만큼 연습을 많이 했다는 것이다. 나는 고작 한다는 것은 텔레비전을 보면서 앞에서 팔을 올리고 엉덩이를 들썩거리는 정도다. 그러면 그 모습을 보던 아내가 다가와서 훈수를 한다.

"사람이 춤을 그렇게 쪼잔하게 추면 어쩌나, 이 양반아! 쯧쯧" 하면서 본인이 선을 보인다. 예전에 20대 초반에 나이트클럽에서 보았던 그 춤을 말이다. 손은 세상을 가질 만큼 넓게 펼쳐서 모든 사람과 모든 사물을 포용하고, 고개를 들어 땅을 보지 말고 하늘을 보고, 다리를 넓게 펴서 어디든 갈 수 있는 자세를 취하라는 뜻이 담겨 있다고 한다. 나는 그 예전 젊었을 때 보았던 아내의 춤을 생각하고, 남들과는 다른 그 모습을 생각하곤 웃고는 한다. 하지만 아내는 지금이나 예전이나 춤에 대해서는 진지했고 그 춤을 지금도 고수하고 있다.

나는 지금도 춤을 잘 추고 싶은 열망이 있다. 길거리에 있는 춤 교습소나 댄스 학원을 보면 한 번 가볼까 하는 생각도 가지게 된다. 환자 중에도 중고등학생들이 춤 동아리에서 춤을 추다가 어깨가 아프다거나 허리가 아프다고 오는 경우가 요즘에 부쩍 늘어나고 있다. 그 학생들을 보면서 또 다른 몸짓과 또 다른 춤꾼의 역사를 보게 된다.

하지만 나에게는 엄청난 춤 선생님이 옆에 있으므로 다른 곳에 눈을 돌릴 틈이 없다. 아내가 알려주는 큰 동작의 춤을 추면서 몸무게 감소를 위해 오늘도 텔레비전을 보면서 흔들흔들 춤사위를 펼치고 있다.

나가는 글

2025년 4월 26일 일요일 저녁에 욕실에 들어가다 미끄러지면서 주저앉았다. 아주 순간적으로 일어났다. '쾅' 하는 큰소리도 났지만, 함께 밀려오는 통증으로 정신을 차릴 수가 없었다. 미끄러진 발은 오른쪽 발인데 꺾여진 쪽은 좌측이었다. 좌측 무릎이 내몸에서 먼 쪽으로 꺾여졌고 좌측 고관절이 내측으로 꺾여져서 흡사 핸드폰 폴더가 접히는 것처럼 접혔다. 허리와 무릎과 고관절에 심한 통증이 있었다. 처음에는 허리까지 다쳐서 꼼짝 못 할 줄 알았다. 정신을 차리고 보니 다행하게도 고관절과 허리는 약간의 통증만 있을 뿐 가장 심각한 곳은 좌측 무릎의 내측 부분이었다. 부기도 부었지만, 다리를 옮기기가 어려웠다. 밤에 종합병원 응급실로 가서 검사했더니 좌측 경골 상부의 뼈가 조각이 나 있었다. 입원해서 핀을 박는 수술을 했다.

연휴가 이어져서 수술을 받고 입원하고 퇴원할 수 있었다. 나 혼자였다면 도무지 할 수 없는 일이었다. 응급실까지 가는 것도 아내가 운전해서 가야 했고, 병원에서 절차를 밟고 입퇴원하는 것도 모두 아내가 해야 하는 일이었다. 아내의 도움에 항상 감사하지만, 이번에도 너무 고마운 일이었다.

의사로서 살아오기는 했지만, 환자로서의 경험은 거의 없었다. 환자가 된다는 것은 또 다른 누군가가 환자의 옆에 있어야 한다는 것이다. 또 다른 누군가가 걱정해야만 하는 것이고 수고를 해야 한다. 우리 병원에는 무릎을 수술하고 물리치료를 받으러 내원하시는 분이 있다. 이 환자분이 이렇게 힘들게 고생하는 것도 전에는 알지 못했다. 의사로서 생각하던 것과 환자가 느끼는 것은 다른 것이고, 그것은 더 힘들고 깊은 것이었다.

고통은 감사의 선물이다. 아무에게나 오지 않는다. 하나님이 특별히 사랑하는 사람에게 내리는 선물이다. 고통을 버티고 인내하면 우리에게 안녕과 행복을 누릴 수 있는 자격이 주어진다.

고등학교 1학년 국어 선생님이 수업시간에 본인의 일기를 보여 주셨다. 그 이후 일기를 쓰기 시작했다. 이 글을 쓸 때 꾸준히 써온 일기가 힘이 되었다. 학교 다닐 때도 수련의 때도 전공의 때도 봉직을 하면서도 개원을 하면서도 일기는 항상 나의 옆에 있었다. 힘이 들어도 일기를 쓰고 좋은 날에도 일기를 썼다. 일기는 내가 뛰어노는 운동장이었다. 공책에 좋은 글을 옮겨 적기도 하고 좋은 책은 처음부터 필사하기도 했다.

세상은 절대로 혼자 살 수 없다. 누군가와의 도움을 받고 도움을 주고 살아가는 것이 인생이다. 하나라는 숫자는 둘이라는 숫자가 있을 때 진정으로 가치 있는 하나가 될 수 있다. 가정이 있고 이웃이 있으며 나라가 있고 세계가 있다. 이런 관계는 너무나 순식간에 소멸하고 생성되는 관계에 있다. 그런 코스모스 안에서 우리의 존재를 찾아가기는 더욱 쉽지 않다. 우리가 우리의 가치를 높이는 방법이 있다. 그것은 서로 사랑하고 위해주는 것이다. 사람에게 부여된 가장 위대한 말 바로 '사랑'이다. 부모님에 대한 사랑, 형제에 대한 사랑, 아내에 대한 사랑, 자식에 대한 사랑 그리고 이웃에 대한 사랑이다. 어떤 위협이 와서 우리를 흔든다고 해도 사랑을 간직한다면 걱정할 것이 하나도 없다. 가치관의 혼란이 올 때도 사랑이라는 말을 생각하면 다시 가던 길로 올바르게 갈 수 있다.

아버지께서는 25년 전에 돌아가셨다. 나를 가장 위해주고 사랑해주신 분이다. 힘들고 어려운 시절에 항상 힘을 주셨고 지금도 함께하고 계신다는 생각이 든다. 아버지께서 물려주신 가장 위대한 유산은 '사랑'이었다.

2025년 6월 18일